布控破 局局局

成大事者谋略纵横的顶级智慧

李伟◎编著

北京日报出版社

图书在版编目（CIP）数据

布局　控局　破局：成大事者谋略纵横的顶级智慧 /
李伟编著 . -- 北京：北京日报出版社，2025. 6.
ISBN 978-7-5477-5077-3

Ⅰ . C934-49

中国国家版本馆 CIP 数据核字第 20246QW115 号

布局　控局　破局：成大事者谋略纵横的顶级智慧

出版发行：北京日报出版社
地　　址：北京市东城区东单三条 8-16 号东方广场东配楼四层
邮　　编：100005
电　　话：发行部：（010）65255876
　　　　　总编室：（010）65252135
印　　刷：河北翔驰润达印务有限公司
经　　销：各地新华书店
版　　次：2025 年 6 月第 1 版
　　　　　2025 年 6 月第 1 次印刷
开　　本：710 毫米 × 1020 毫米　1/16
印　　张：14.5
字　　数：200 千字
定　　价：58.00 元

序　言

布局、控局、破局是古代政治家、战略家必修的权谋之道，凝聚了国学智慧的精髓。其中涉及众多策略和思想，经过数千年的传承，对现代人仍具有启发和指导意义。

布局，可以说是权谋之道的起点。它指的是在做出决策前，先要进行深思熟虑、精心策划。一个理想的布局，甚至能够决定事情的成败。

《孙子兵法》指出，"上兵伐谋，其次伐交，其次伐兵，其下攻城"。这里的"伐谋"说的便是布局的智慧。在布局阶段，我们需要通盘考虑，也需要审时度势，才能洞察先机。这就好比在下棋时，高手总是能在棋局之初，就预判到未来几步甚至几十步的走法，从而制定出最优策略。

布局在现代社会仍然不可或缺。不管是企业发展、市场竞争，还是个人职业规划，都离不开清晰的战略布局。只有学会提前布局，做好充分的准备，我们才能游刃有余地应对各种挑战。

布局之后的环节是控局，也就是运用有效的手段和策略掌控局面。《论语》中的"君子欲讷于言而敏于行"便是对控局智慧的一种解读。它提醒我们，在控制局面时，应当尽量少说多做，同时还要善于观察和分析，这样才能及时发现问题，并采取相应的措施。

古代很多政治家都具有精妙的控局智慧。如隋文帝设立了五省六曹制，在唐代得到了完善，发展成为三省六部制。这"三省"（包括中书省、门下省和尚书省）各有各的职能，既相互牵制，又互为补充，达到了控局的

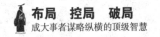

目的。

在现代社会，控局的意义同样不可忽视。我们需要保持足够的耐心和定力，通过深入了解实际情况、分析竞争对手的情况以及制订切实可行的计划等手段，更好地掌控全局，实现自己的目标。

至于最后的环节破局，更是权谋之道的最高境界。当局势陷入僵局或遭遇危机时，我们需要立即采取有创意的策略和手段，打破原有的局面，创造出新的机会，这正是破局的关键所在。

《易经》中说："穷则变，变则通，通则久。"这句话揭示了破局的深层含义，告诉我们在面临困境时，要有勇气进行变通，找到新的出路。

历史上有很多著名人物都展现出了破局的智慧。比如毫无根基的汉文帝在即位之初，便采用了"恩威并施"的策略破局，对于功臣，他进行赏赐，同时他想尽办法，不断分化瓦解权臣、诸侯的势力，让自己成功站稳脚跟，夯实了皇权。

在现代社会，我们也不能缺少破局的智慧。随着科技的不断进步和市场的不断变化，不论是企业、组织，还是个人，都会面临前所未有的挑战和机遇。只有那些敢于突破传统思维模式的企业和个人，才能在激烈的竞争中破局而出。

布局、控局、破局，既紧密相连，又相互作用，共同构成了权谋之道的完整体系。掌握这些智慧后，我们会知道如何在复杂的社会环境中保持清醒和冷静，如何灵活应对各种挑战和机遇。当然，我们也应该意识到，权谋之道并非一味地欺诈和算计，而是要以尊重他人、遵循道义为基础，运用巧妙的策略来达成自己的目标。

在当今这个充满变革和挑战的时代，我们需要持续学习和实践布局、控局、破局的智慧，并加以灵活运用，才能在人生的道路上更加从容自信地前行。

目　录

布局篇　深谋远虑，精心策划

布局篇

深谋远虑，精心策划

第一章 | 洞察时局，明辨是非

1. 庸者谋事，智者谋局

"庸者谋事，智者谋局"是一句富有深意的名言，为我们揭示了两种迥然不同的思考方式和处世哲学。

我们先来看看"庸者谋事"。这里的"庸者"指的是那些经常为琐事所累，导致陷入平庸状态却不自知的人。他们整日疲于奔命地应对各种琐碎的任务，却缺乏明确的目标和计划，也没有时间和精力去规划未来；他们大多只关注眼前的利益，却缺乏长远的眼光，有时还会出现短视行为，即为了眼前的蝇头小利而牺牲长远的利益，导致未来出现困境。所谓"一叶障目，不见泰山；两豆塞耳，不闻雷霆"，说的就是这种目光短浅的人。

此外，他们遇到问题时，倾向于线性思考，习惯按照既定的规则和流程来行事，缺乏创新和突破，因而难以适应变化的环境，最终难免被时代所淘汰。

与"庸者"形成鲜明对比的是"智者"。他们具有广阔的视野，能够从整体上把握事物的全貌，因而能够制订出符合实际情况的策略和计划；他们还具有长远的眼光，能够预见未来的变化和挑战，因而能够避免陷入"短视"的陷阱。除此之外，他们还具有开放和创新的立体思维方式，能不断学习新的知识和探索新的领域，因而能够适应变化的环境。古语有云："不谋万世者，不足谋一时；不谋全局者，不足谋一域。"这正是对"庸者谋事，智者谋局"的最好诠释。

在历史的长河中，曾经涌现出无数善于谋局的智者，西汉的开国功臣萧何就是其中之一。

刘邦率领军队率先攻入咸阳后，这座辉煌的都城此时已是一片混乱，刘邦麾下的文臣武将们纷纷涌入宫殿，争夺财宝。然而，有一个人却显得与众不同，他就是萧何。他并没有被眼前的繁华所迷惑，而是冷静地观察着这座城市的每一个角落。

善于谋划的萧何深知，攻下咸阳并不代表掌控天下。他领着士兵进入秦朝的官府，收缴了大量户籍资料、地图、律令公文等。从这些资料中，萧何可以了解秦朝的人口状况、土地开发程度以及兵力分布等重要信息，也可以研究秦朝的各项制度，为日后制定战略方针提供指导。

后来，这些珍贵的资料在刘邦与项羽争夺天下时发挥了重要的作用。比如，地图能够为行军作战提供便利；户籍信息也方便官员按户征收粮草，确保了军队的供给。此外，萧何还根据秦朝的律令制度，建立了一套完善的行政和法律体系。正是有了萧何这样的智者谋局，刘邦才能够在楚汉争霸中笑到最后。

刘邦即位后，对臣子们论功行赏时，格外看重萧何，给予他非常可观的赏赐。刘邦曾把手下的将军们比作猎犬，因为他们服从命令，勇猛善战；而萧何却被比作猎人，因为他才是那个善于布局、指挥若定的人。

这个例子生动地诠释了"庸者谋事，智者谋局"的智慧。那些普通的文官、将领只关心眼前的财物，而萧何这样的智者却能够关注全局、规划长远，难怪会得到刘邦的青睐。

两千多年后，"庸者谋事，智者谋局"的智慧依然适用，它的重要性体现在方方面面。比如在企业管理中，管理者不能一味地埋头于企业的日常事务，而是要学会洞悉行业趋势，为企业长期发展做好布局；在日常生活中，我们也不能毫无规划地"瞎忙"，而是要从全局的角度思考个人的发展问题，做好人生的布局。

为此，我们需要做到以下几点。首先，要培养全局观念。所谓"全局"，指的是事物的整体及其发展的全过程。"全局"的"全"说明其范围广泛，因此一定要考虑周全，避免遗漏。为了培养全局观念，我们应学会从整体看问题，既要看到问题的来龙去脉，又要洞察问题的本质，还要推测问题出现的规律。除此之外，我们还要站在更高的角度，用长远的眼光看问题，这样才能更好地把握全局。

其次，要摆脱线性思维。线性思维是"庸者"常用的思考方式，具有直线性、单一性和片面性的特点。习惯于线性思维的人，常常只关注事物的表面现象和直接联系，却忽视了事物的复杂本质和内在联系。要想成为布局高手，我们必须摆脱线性思维的束缚，不能认为世间的一切都是简单的直线关联，而要认识到事物之间以及事物内部的关系是复杂多样的。因此，在分析事物和解决问题时，我们要学会从多个维度、多个方向出发，不断学习和实践，以调整自己的思维方式，逐渐摆脱线性思维的限制。

此外，要善于规划和布局。古语有云："凡事预则立，不预则废。"这提醒我们，无论做什么事情，都不能急于行动，而是要先做好规划和布局，明确目标和策略。其中，目标应是具体的，可衡量、可达成的，并且要有一定的时间限制。策略应当包括关键步骤、所需资源、时间表等，并要细化为具体的行动步骤。在实际执行过程中，我们还要善于调整策略和计划，根据实际情况做出适当的改变，这样才能更好地应对各种突发状况。

　　总的来说，"庸者谋事，智者谋局"为我们提供了重要的启示。在人生的舞台上，我们不仅要扮演好自己的角色，更要努力成为一名智者，学会用全局性的眼光看待问题，用前瞻性的思维布局未来。

2. 置身暗处，以观全局

下棋的人都知道，当我们身处棋局中时，常会被表面的局势所左右，无法通观全局并做出最正确的判断；而在一旁观棋的人，因为不看重棋局的输赢，反而更容易看清全局，做出比较精准的判断。"置身暗处，以观全局"，说的正是这个道理。

棋局如人生。当我们对复杂的局面一筹莫展时，若能有一些"置身暗处，以观全局"的智慧，常常会有意想不到的收获。

历史上的"九子夺嫡"事件就能说明这一点。"九子夺嫡"发生在清康熙年间，当时，康熙皇帝的九个儿子展开了一场惊心动魄的皇位争夺战。

原本康熙皇帝选中的继承人是胤礽。胤礽在不到两岁时就被立为太子，可随着年龄的增长，他变得骄纵跋扈，还在朝中结党营私，引起了康熙帝的不满，被废黜了太子之位。

太子被废后，其他皇子蠢蠢欲动，每个人都有自己的小心思，也各自拉拢了一些朝臣，导致朝中出现了"大阿哥党""太子党""三爷党""四爷党""八爷党"等小团体。

其中，"四爷"也就是四阿哥胤禛在一开始并没有多大的优势。因为他的出身不高，生母身份卑微，康熙帝最初也不看好他。但他比其他皇子更富有隐忍的智慧，在夺嫡之战中，他没有急于表现自己，而是采取了"置身暗处，以观全局"的策略，因为他知道父皇并不希望看到任何急功近利的行为。

在八阿哥胤禩身边聚集着众多臣子的时候，胤禛却不参与任何明显的政治斗争，也不主动拉帮结派，而是默默地在朝中积累人脉，打造自己的政治班底。在其他皇子对废太子落井下石的时候，胤禛也没有表现出一点不恭敬的样子，还多次为废太子说好话，为康熙帝找到了宽恕废太子的"台阶"。在康熙帝生病时，其他人都想着多争取一些政治遗产，胤禛却在关心康熙帝何时康复，让康熙帝感受到了儿子的孝心。

胤禛在赢得康熙帝信任的同时，也适当地展现了自己的能力。比如，在办理皇太后的丧事时，他把事情安排得十分妥当，让康熙帝非常满意。而且他不抢功、不邀功，低调沉稳的作风更是让康熙帝对他刮目相看。

经过长时间的观察，康熙帝最终确定了继承人——胤禛。胤禛继承皇位后，很快就靠着自己之前积累的人脉稳定了局势，隆科多等人帮他稳定了朝中局势，平息了内乱；年羹尧则帮他稳定了西北地区，消除了外患。这也证明胤禛之前的"暗中布局"是成功且有效的。

在夺嫡之战中，赢得皇位的胤禛最初不被人看好，但他通过置身暗处，隐藏实力，通盘考虑全局，做出了一系列正确的选择，最终实现惊天逆袭，成功笑到了最后。在胤禛看来，"置身暗处"才能更好地"以观全局"，也就是在低调的状态下，从旁观者的角度，更加全面、客观地审视整个局势，从而找到解决问题的有效方法。胤禛就是凭借这一策略，成功掌控了大局，最终脱颖而出，继承了皇位。

从胤禛的身上，我们可以细细品味"置身暗处，以观全局"的精妙之处。置身暗处，意味着把自己的个性和实力隐藏起来，做到不露声色、不惹祸端。在喧嚣浮躁的现实世界中，"置身暗处，以观全局"对我们现代人同样具有重要意义。

在形势非常复杂，自己实力又较弱的时候，我们要学会"置身暗处"，就是要适当学习胤禛的做法，低调行事，隐藏实力，默默审视整个局势，预测可能的发展趋势，为自己下一步的行动做好充分的准备。

我们也要学会"以观全局"，就是要用关联、整体、动态的方式来看待局势。关联，指事物之间不是孤立存在的，而是相辅相成、相互作用的；整体，指各种事物和要素往往会以系统运作的方式来呈现；动态，指这些关联和整体都不是一成不变的。这也提醒我们，要用发展的眼光来看待和理解问题，才能做出更明智的决策。

我们还应当牢记一点，"置身暗处，以观全局"并不意味着逃避现实或推迟解决问题。相反，它是为了更好地理解问题、更有效地应对挑战。因此，我们要将"置身暗处，以观全局"看作对自己的一种挑战，以积极的心态去尝试，从而不断提升自己的能力和素质。

3. 登高望远，预见趋势

诗圣杜甫曾写道："会当凌绝顶，一览众山小。"的确，当我们登上高山时，视野会变得更加开阔，能够看到很远的地方。

在思考问题时，我们也应当站在一定的高度，这样不仅更容易把握全局，还能够预见事物发展的趋势。

东汉末年，著名谋士诸葛亮就是善于"登高望远"的智者。他为刘备提出的战略规划"隆中对"，被后世广为传颂。

当时，刘备在北方无处容身，被迫南下，依附荆州牧刘表。刘备总结经验教训，决定广纳贤才，增强自己的实力。在徐庶等人的举荐下，刘备亲自前往隆中，三顾茅庐，才见到了诸葛亮，并与他进行了深入的交谈。

诸葛亮向刘备分析了天下形势，还根据刘备的政治抱负，指出他的战略总目标是"达成霸业，兴复汉室"。而这个目标需要通过几个步骤才能实现：第一步是占领荆州和益州这两个战略要地，为后续的行动打下坚实的基础；第二步是进行战略休整，对内革新政治，发展经济，增强实力，对外与孙权建立良好的外交关系，并要和西部、南部的少数民族保持睦邻友好，以稳定后方；第三步是在时机成熟的情况下，兵分两路，一路从荆州出兵中原，另一路由刘备亲自率领，从秦川出击。

诸葛亮提出的战略构想让刘备十分惊喜，他恳请诸葛亮出山帮助自己。诸葛亮被刘备的诚意深深打动了。从那以后，诸葛亮竭尽全力辅佐刘备，按照"隆中对"的战略规划逐步推进，最终辅佐刘备建立了蜀汉政权，与曹魏、孙吴"三分天下"。

　　"隆中对"展现了诸葛亮"登高望远、预见趋势"的智慧。虽然身在茅庐之中，他却胸怀天下，对全局有着精准的把握。他深刻认识到曹操实力强大，孙权根基稳固，而实力弱小的刘备无法与他们正面抗衡，只能先寻找适合自己的"根据地"，站稳脚跟后再徐徐图之，而他为刘备选择的根据地是拥有地理、经济、人才优势的荆州和益州。

　　有了明确的目标后，诸葛亮又准确地预见了未来的趋势，为刘备确定了实现霸业的几个步骤，这些步骤具有很强的操作性，为刘备事业的发展奠定了基础。

　　这个例子告诉我们，在面对复杂的问题时，我们应当登高望远，把握大势，制定长远的规划。这种高瞻远瞩的战略思维不仅适用于国家治理、企业经营等宏观层面，也适用于个人职业发展和人生规划等微观层面。

　　对于国家治理来说，在国家处于稳定发展阶段的时候，那些有远见的领袖人物总是能够审时度势，引领国家朝着正确的方向发展。而在国家处于动荡或衰落的时候，那些能够登高望远的人，又能带领整个民族走出困境，重回昌盛。

　　对于企业管理来说，一个企业家或者管理者，如果只关注眼前的利益，是很难走得长远的。唯有登高望远，审时度势，才能制定出符合公司长远利益的战略规划。

　　对于个人成长来说，一个有远见的人，是不会被眼前的困难和挫折所迷惑的。他们能够审时度势，把握大势，做出正确的选择。他们也会不断提高自己的学识和技能，为未来的成功打下坚实的基础。

　　当然，"登高望远，预见趋势"并不是一件简单的事情，它需要我们不断提升内在修养，也需要我们适时改变看问题的角度。

　　首先，我们要以更加宏观和全局的视角来审视事物，不要被狭隘的个人立场所束缚，而是要考虑更广泛的影响因素和长远的发展趋势。

其次，我们需要对自己所处的领域和行业进行深入了解和研究，包括历史、现状及未来发展趋势。只有认真了解当下和过去，才能更好地预见未来。

此外，我们也应该积极总结和借鉴他人的经验和教训，学习那些经典的成功和失败的案例，研究成功者的思考方式和决策模式。这样可以帮助我们在更高的层次上思考问题，避免走弯路。

唯有如此，我们才能在人生之路上做出更为明智的决策，不受眼前的短视所困扰，真正做到预见趋势，超越时代。

4. 兼听则明，偏信则暗

"兼听则明，偏信则暗"最早出自汉朝的《潜夫论》。这句充满古人智慧的名言，历经两千年的流传，依然历久弥新。

"兼听则明"，指的是我们要充分听取各方面的意见，才能对事物做出正确的判断；"偏信则暗"，则是说如果我们只相信某些人的片面之词，必然会犯认识上的错误。

在历史上，唐太宗李世民被认为是"兼听"的典范。他善于听取各级官员的意见，即使官员们提出了反对意见，他也会尽力去理解和采纳。

有一次，唐太宗外出巡视，经过昭仁宫（在今河南洛阳）时，当地官员提供的膳食过于简单，让他很不满意。为此他大发脾气，下令处罚这些官员。

魏徵上前劝说："陛下，难道您忘记了当年隋炀帝的所作所为？臣子和百姓不能给他提供精美的食物，他就大发雷霆，随意责罚，激起了百姓的反抗之心。如今陛下也这么做，臣恐怕有人会故意迎合陛下的喜好，进献些奢侈之物。这种事要是成了风气，后果不堪设想。所以臣劝陛下吸取教训，从此兢兢业业，谨慎行事，厉行节约。"

唐太宗陷入了沉思，过了好一会儿，他才开口说道："幸好有你，我才能听到这么中肯的话！"

事实上，唐太宗不仅能够采纳魏徵的意见，还能广泛听取不同大臣的意见，然后进行综合评判，最后做出明智的决策。唐朝能在短时间内呈现出繁荣昌盛的局面，这种"兼听"的做法算是原因之一。

相反，历史上那些偏听偏信的君主，几乎都没有好下场。像秦二世即位后，宠信宦官赵高。在赵高的蒙蔽下，杀害了很多忠臣，导致朝廷内部矛盾激化，他自己也被迫自杀。隋炀帝在位期间，偏信重臣虞世基。隋末政局动荡，各地起义不断，形势已经到了非常危急的地步，虞世基却报喜不报忧，致使隋炀帝对实际情况一无所知，最终导致了隋朝的灭亡。

不管是秦二世还是隋炀帝，都因为偏听偏信导致了严重的后果——不仅让自己陷入了危险的境地，还加速了王朝的覆灭。

因此，在面对实际问题时，我们应当保持客观、理性的态度，要像唐太宗一样，广泛听取各方面的意见和建议，如此才能做到"洞察时局，明辨是非"。

在现代社会，我们获取信息的渠道复杂多样，信息传递的速度也相当惊人，每天都会有海量的信息如潮水般涌来，如果我们稍不注意，就会迷失在信息的海洋中，无法厘清思路，也无法采取正确的行动。此时，我们就更应当牢记"兼听则明，偏信则暗"的准则。

"兼听则明"，意味着我们应该以开阔的视野，尽可能丰富信息的来源。比如，我们可以通过网络、书籍、报纸、电视等渠道获取信息。再如，我们可以从不同背景、不同观点的作者那里收集信息。信息来源越丰富，我们对事物的了解就越全面，做出的判断也会越明智。

"偏信则暗"则提醒我们，不能盲目相信某一种观点或信息。现在假新闻层出不穷，甚至有些信息还被故意篡改、截取或歪曲，以达到某种目的。如果我们过于相信这种信息，就容易被误导。因此，我们要谨慎对待所接收的信息，要保持怀疑和批判的态度，不要轻易被虚假信息所迷惑。此外，我们还要深入思考，辨别真伪，只有这样才不会陷入信息的迷局之中。

"兼听则明，偏信则暗"不仅适用于理解和评估信息，还适用于日常生活中的其他方面：在与他人交往时，我们要保持开放的心态，多听取他人的意见和建议，而不要一味地坚持自己的看法；在工作和学习中，我们应当从多方面获取知识和经验，不断积累，而不要故步自封，停滞不前。

总之，"兼听则明，偏信则暗"是一条洞察时局时具有重要意义的箴言。我们需要以此为指导，保持开放的心态，不偏不倚地对待信息，不轻信偏信，才能在复杂多变的局面中保持清醒的头脑，找到正确破局的方向。

5. 看穿假象，突破局限

假象，指的是不符合事物本质的表面现象。它如同一层薄雾，常常充斥在我们的生活中，会模糊我们的视野，使我们判断失误。

然而，真正有智慧的人，却能够看穿假象，突破局限，掌握事物的本质，从而打破束缚，开辟新的境界。

《三国演义》中，诸葛亮看穿假象、突破局限的故事让人印象深刻。

北伐期间，蜀魏两军对垒。晚上，诸葛亮在大帐之中研讨军情，突然有人来报，说有个叫郑文的魏国偏将军前来归降。诸葛亮略一思索，便收留了郑文。

第二天，魏军来袭，主将自称是司马懿帐下大将秦朗，他纵马来到蜀军阵前，连声高呼："叛贼郑文，出来与我决一死战！"诸葛亮派郑文出战，还说要是郑文能斩杀秦朗，以后就不怀疑他。结果还不到三个回合，秦朗便被郑文斩于马下。可郑文一回到军营，诸葛亮就命人将他拿下，还说他是来诈降的。

郑文见诸葛亮识破了司马懿的计谋，只得坦白一切，便将司马懿的计划和盘托出。诸葛亮决定将计就计，让郑文给司马懿回信，约定日期前来劫营。等到司马懿来的时候，诸葛亮早已做好了万全准备，将司马懿的军队打得落花流水。

事后，将士们都问诸葛亮是怎么看出郑文诈降的。诸葛亮解释道："司马懿这个人，从不轻易用人和信人，如果秦朗真是阵前大将，武艺必然在郑文之上。而秦朗指名道姓，要与郑文对决，这更加说明他有必胜的信心。

可郑文却轻松地杀死了秦朗。整个事件都不符合司马懿一贯的行事风格，因此我断定其中有诈。"

诸葛亮之所以能够轻易看穿假象，是因为他善于进行深入的观察和缜密的推理。他通过洞察细节，发现了魏军将领的行为存在不合理之处，再对比郑文的表现以及司马懿一贯的作风，便推理出了事件的真相——司马懿是在施展诈降计。

不过，诸葛亮没有局限于识破诡计，而是能够借此机会巧妙布局，让郑文成为诱饵，引诱司马懿一步一步走入陷阱，从而轻松取得了战争的胜利，从这一事例中也能看出诸葛亮作为"布局者"的高明之处。

在现实生活中，我们如何才能拥有这种看穿假象、突破局限的智慧呢？

首先，我们要对假象有清晰的认知。假象可能隐藏在生活中的每一个角落。外在的假象，可能是他人虚假的言行举止，为的是掩盖其真实的意图；也可能是价值观的扭曲，让人迷失在虚幻的追求中。而我们内心的假象则更加微妙，可能是自我设限，对自己能力的低估；也可能是对他人或事物的片面理解，导致了认知上的偏差。

举个例子，人们曾经普遍相信，重的物体比轻的物体下落更快——石头会比羽毛落地早，铁球会比木球更快触地。就连古希腊哲学家亚里士多德也指出"物体下落速度与重量成正比"，可意大利物理学家伽利略却对这一权威论断提出疑问。他通过逻辑推理发现矛盾：如果将重的物体和轻的物体绑在一起，按照亚里士多德的理论，轻物体下落慢会拖累重物体，整体速度应介于两者之间；从重量上看，捆绑后的物体更重，下落速度应该更快。这种逻辑悖论促使他进行实验和数学推导，最终实验证明，自由落体加速度与质量无关，从而揭穿了延续千年的"重量决定速度"的假象。

　　伽利略没有被表面现象所迷惑，也没有盲从权威定论，而是通过逻辑推理与实证观察，一步步揭开了假象的面纱。从这也能看出，那些被广泛认可的"真理"，未必就是绝对正确的。我们只有保持独立思考的能力，用理性分析穿透表象，才能打破固有认知的牢笼。

　　其次，看穿假象，需要敏锐的洞察力和清晰的思维。就像诸葛亮看穿司马懿的诡计一样，我们在审视周围的事物和时局时，不能仅仅停留在表面，而是要深入挖掘事物的本质。同时，我们也需要保持客观的态度，用理性的思维去分析和判断，这样才能看清事物的本质，从而识破假象，把握真实情况。

　　最后，我们在看穿了假象后，还要寻找机会突破局限。这一点也是非常重要的，因为人们往往会被自己设定的所束缚，认为自己只能达到某个程度，无法超越。可这些局限大多是自我设限的结果，属于内心的假象。当我们敢于跳出自己的舒适区，勇于冲破局限时，便会发现前方还有更广阔的天地在等待着我们。

　　当然，突破局限的确需要勇气和毅力，我们可以从尝试新事物开始，逐渐打破对未知事物的恐惧和犹豫；我们也可以想办法不断提升技能、增长知识，让自己变得更加全面和强大。

　　需要指出的是，在现实生活中，看穿假象和突破局限是一个不断循环的过程。我们需要不断地审视自己和周围的环境，识别假象，同时积极地突破局限，不断成长，唯有如此，我们才能真正发挥自己的潜力，走向成功。

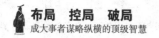

6. 更换视角，避免遗漏

为什么我们会在日常生活中受困于眼下的局面？其中一个重要的原因在于，我们常常会囿于自己的视角和思维模式，忽略或遗漏了一些重要的信息。

如果我们能够不断地更换视角，重新审视问题，就会发现许多之前被我们忽视的细节，很多看似不利的局面也会迎刃而解。

下面的这个案例，就能让我们看到更换视角的重要性。这个故事与拿破仑·希尔有关。

有一年，拿破仑·希尔打算给自己招聘秘书，便在报纸上刊登了一则广告，希望能够找到合适的人选，帮他处理日益繁重的工作任务。

广告一经刊出，求职信如潮水般涌来，然而，众多的求职信却让拿破仑感到非常失望。因为这些信的内容基本上大同小异："尊敬的拿破仑先生，您好，我是××，今年××岁，毕业于××学校，在报纸上看到了您的招聘广告，希望能为您效力……"

在拿破仑看来，这些求职信只是把个人简历简单地堆砌在一起，没有任何新意，他甚至开始怀疑这种广告招聘是否有意义。就在这个时候，一封与众不同的求职信让他眼前一亮。

只见信上写着："拿破仑先生，我相信您已经收到了成千上万封求职信，让您感到难以处理。为了节约您的时间和精力，您只需拨打此电话，我就会立刻前来，帮您整理和筛选信件。您不必担心我的能力，我有十五年的秘书经验，很擅长处理各种琐碎的事务……"

看到这里，拿破仑不禁笑了起来，他心想，这不就是自己一直在寻找的秘书吗？于是他立刻拿起电话，拨打了信中所写的号码，邀请这位求职者加入自己的团队。

事实证明，拿破仑的选择是非常正确的，这位求职者不但能够熟练地处理本职工作，还能从拿破仑的角度思考问题，为他带来了很多惊喜。

其实，这位求职者所写的仍然是一封求职信，但由于她能够更换视角，注意从拿破仑的需求出发，为他解决眼前最急迫的问题，所以得到了拿破仑的青睐，也赢得了宝贵的工作机会。

这个故事也提醒我们，学会更换视角是非常必要的，因为它能帮助我们打破视野的局限，让我们发觉他人的真实感受和潜在需求，进而找到打开局面的突破口。

事实上，每个人的视角和思维方式都不一样，这是由个人的成长经历、教育背景、社会关系等因素决定的。然而，每个人的经历又是有限的，如果仅从自己的视角出发看问题，思维就会变得很狭隘，无法很好地理解和把握事物，认知也会存在片面性和局限性。因此，我们一定要意识到自身的这种局限性，并愿意接受其他视角的存在，这是更换视角的基础。

同时，我们需要具备开放的心态和灵活的思维，才能做到更换视角。为此，我们需要耐心倾听他人的想法，并尊重不同的观点和看法。我们还可以通过阅读各类书籍、参加各种讨论、与不同背景的人交流等方式，不断增长见识、拓宽视野。此外，我们还可以通过扮演不同的角色或模拟不同的情境来体验不同的视角和观点，从而加深对问题的理解和把握。

在现实生活中，我们可以通过多种方式更换视角，避免遗漏或出现错误。比如在工作中，我们可以尝试从客户的视角出发思考问题，了解他们的需求和期望，从而提供更好的服务和更适合的解决方案。在人际交往中，我们可以试着从对方的视角考虑问题，理解他们的感受和想法，从而建立

更加和谐的关系。

例如，一家公司正在考虑推出一款新产品，但是在市场调研中反馈不佳。这时该公司不仅要考虑产品本身是否存在问题，也要及时转换视角，从消费者的角度去思考，去了解市场的真实需求和变化趋势。接下来，该公司便可以从这些方向出发，及时调整策略，提升产品竞争力。

在工作和生活中，像这样的例子还有很多。这也提醒我们，要注意更换视角，才不会陷入片面和局限的思维模式中。更为重要的是，我们的视野会不断拓宽，对问题的理解也会不断加深，从而帮助我们在复杂的环境中洞察时局，明辨是非。

7. 顶层设计，通盘计划

顶层设计、通盘计划是指在解决复杂问题或突破重大目标时，要从整体和系统的角度进行全面的规划和设计。

在现代社会，顶层设计和通盘计划显得尤为重要。因为它们不仅可以帮我们厘清思路，还能帮我们把握大局，使我们在各种情境中都能掌握主动权。

我国古代历史上的许多谋略家都具有顶层设计和通盘计划的能力。元末明初著名的政治家和文学家刘伯温就是其中之一。

凭借对局势的敏锐洞察，刘伯温向朱元璋陈述了十八条时务建议，这些建议都被朱元璋采纳并成功实施。后来，朱元璋向刘伯温请教攻取天下的计策，刘伯温纵览全局，为朱元璋做出了一系列顶层设计。比如，刘伯温分析了张士诚和陈友谅的军事实力、作战风格，制定了"先攻陈友谅、后取张士诚"的整体战略。朱元璋欣然接受，并做好了相应的战略部署。最终，朱元璋成功解决劲敌，验证了刘伯温的"设计"是完全正确的。

朱元璋称帝后，刘伯温曾担任太史令等重要官职，得到了施展才华的舞台。他的政治智慧在两个方面体现得淋漓尽致：一是在总体规划上，他善于从大局着眼，将自己的政治思想贯穿到建设国家的各个方面，做好了顶层设计；二是在治国方针上，他提出了许多富有远见的策略，如改革税制、整顿官吏、鼓励农业等，这些通盘计划有效地稳定了国家政局，增强了中央集权。

后世对刘伯温的评价极高，清代政治家张廷玉则称赞道："刘基（刘伯温）擅长运筹帷幄，设计谋略。"而在民间，广为流传的"三分天下诸葛亮，一统江山刘伯温"更是对他的最高赞誉。

刘伯温的可贵之处，在于他不会局限于某一场小的战役或某一个小的问题，而是能够以超越常人的眼光，从最高处纵览全局，进而完成卓越的顶层设计和通盘计划。也正是因为他有这样的能力，才能敏锐洞察复杂的局势，精准把控事态的发展，为朱元璋统一天下做好最初的布局。

刘伯温的例子对现代人有着深刻的启示意义，它提醒我们应当努力提高顶层设计和通盘计划的能力，使自己能够走向成功，走向卓越。

顶层设计源于系统工程学，顾名思义，就是统揽全局，在最高层次上寻找解决问题之道。"二战"后，顶层设计理念在军事和社会管理领域得到广泛运用，为各项政策和发展战略的制定提供了重要的思路。现在，顶层设计主要指人们在制定战略或规划时，要从宏观、长远的角度出发，对整体的发展方向进行全面、系统的规划和设计。

至于通盘计划，则是指在顶层设计的基础上，对各种因素和各个环节进行全面、系统的考虑和安排。它可以帮我们充分考虑各种可能的影响因素和潜在的风险，避免疏漏和失误。当我们推动一个项目或政策时，如果能够进行有效的通盘计划，就能充分考虑到各利益相关者的需求，也能够合理分配资源，优化流程，提高工作效率，确保项目或政策的可行性和成功率。

必须指出的是，顶层设计和通盘计划是相辅相成、相互补充的，将二者有机结合起来，可以发挥更大的作用。

在进行顶层设计时，我们需要进行深入的调查和分析，收集和理解各类信息，以便把握趋势变化，从而确保方向是正确的，目标是清晰的。而在进行通盘计划时，则需要以顶层设计为指导，以总体发展方向和目标为出发点，将大的战略目标细化为具体可执行的任务和步骤，并要确保各任务和步骤的实施具有针对性且行之有效，这样，我们才能在激烈的竞争中长久立于不败之地。

第二章 | 因势布局，顺势而为

8. 善弈者谋势，不善弈者谋子

"善弈者谋势，不善弈者谋子。"这句话的意思是，善于下棋的高手会对整盘棋的局势精心谋划，而不善于下棋的人却只会关注每一颗棋子。这句话虽然简短，却蕴含着深刻的智慧，不仅适用于棋局，也可用来指导我们的生活。

围棋是一种古老而充满智慧的游戏，它的胜负常常取决于对整体局势的把握，而不是局部的子力对比。因此，善于思考整体局势的人，更容易在围棋比赛中取得胜利。而那些只关注局部子力的人，则容易在全局中迷失方向，陷入被动，最终导致失败。

世事如棋局，我们每个人都是其中的一枚棋子。我们所处的环境、所做的选择，构成了整体局势。善于谋势的人不仅能够看清整个事件的大局，还能够灵活地把握机遇，制定正确的策略，从而取得成功。相反，那些只顾眼前小利、沉溺于琐事的人，则容易迷失在局面中，无法达成自己的目标。

春秋时期，齐国著名的政治家、军事家管仲就很擅长"谋势"。他辅佐齐桓公进行了全方位的改革。他的计策犹如一盘精心布置的棋局，每一步都充满了深思熟虑和对整体局势的长远谋划。

当时，齐国实力强大，楚国正在崛起。齐桓公想要扩张疆域，在朝堂上提出了自己想攻打楚国的计划。管仲劝说道，直接攻打楚国虽有可能取胜，但却会付出巨大的代价。为了减少损失，他向齐桓公献上了一条妙计——"公贵买其鹿"。

之后，管仲派了一批心腹进入楚国，四处高价收购鹿。他们还散布消息称："齐桓公酷爱鹿，愿以重金购买。"这一消息很快在楚国的商人中传开，原本平常的野鹿突然成了炙手可热的商品。楚国的农民为了追求更高的利润，开始放弃农田，转而养鹿。就连楚国的官兵也停止了正常的军事训练，偷偷上山捕鹿。此时楚成王和他的大臣们却没有意识到危机，反而认为齐桓公玩物丧志，正在将齐国引向衰败的方向。

就在楚国放松警惕的同时，管仲却在齐国静静观察着局势的变化。他发现楚国已经将大量的资金和资源投入到了鹿的养殖和交易中，对粮食生产造成了严重的影响，便派人悄悄收购楚国周围国家的粮食，堆满了齐国的粮库。

等到时机成熟，齐国开始向楚国发兵。战争打响后，楚国陷入混乱，国内出现了断粮的现象，前线士兵的军粮也难以得到保障。经过这一战，楚国元气大伤。

　　管仲的"重金求鹿"计谋之所以能够成功，是因为他是从战略的角度进行了全局谋划。他深知楚国是齐国称霸路上必须铲除的重要障碍，若是直接进行军事对抗，齐国就要付出巨大的代价。因此，他巧妙地使用经济手段，炮制对鹿的需求，诱导楚国人放弃农业生产和军事训练，转而追求短期的暴利，从而逐渐削弱楚国的根基。这种做法正好体现了"善弈者谋势"的精髓。

　　与管仲相比，楚国的国君、大臣和百姓都成了"不善弈者"，因为他们只看到了眼前的利益，却忽视了整体局势的变化，结果一步步走入了管仲设下的陷阱。

　　在现代社会，"善弈者谋势，不善弈者谋子"的思想不但没有过时，反而给人深刻的启示。在职场中，善于"谋势"的人常常是那些有远见、有战略眼光的领导者。他们能够把握行业趋势，抓住市场机遇，灵活应对各种挑战，从而带领团队走向成功。而那些只关注眼前利益、不考虑长远发展的人，则会在激烈的竞争中败下阵来。

　　再如，在人际关系中，善于"谋势"的人能够建立广泛而稳固的人脉网络。他们懂得如何与人相处，也懂得在不同的场合运用不同的策略，去赢得他人的尊重和信任。而那些只关注自己短期利益，不在乎他人利益的人，难以建立深厚的人际关系，最终难免落得孤立无援的境地。

　　为此，我们一定要学会"谋势"而不是"谋子"。这需要我们具备战略思维，依靠宽广的视野和敏锐的洞察力，找到自己的定位，抓住大势中的机遇，不断攀登新的高峰。

　　此外，我们要警惕短期利益的诱惑。在面对诱人的短期利益时，我们要问一问自己：在利益背后是不是隐藏着巨大的风险。这样我们才能保持清醒的头脑，才能够权衡利弊，从而做出明智的选择。

9. 高处着眼，时势造英雄

英雄人物总是备受人们的敬仰和关注。然而，英雄并不是凭空出现的，所谓"时势造英雄"，就是指在特定的历史条件、社会环境和时代背景下需要有人挺身而出。此时，那些能够从高处着眼、抓住时机、洞悉形势的人，便能在历史画卷上留下浓墨重彩的一笔。

汉武帝刘彻就是一位值得敬仰的英雄人物，他成就了汉朝在中华历史上的"强汉"之名。

汉武帝即位时，汉朝已经历了长期的休养生息政策，国力相当殷实。别的不提，单说《史记·平准书》中的描述，就足以让人目瞪口呆：据说当时国库里串钱的绳子都朽坏了，钱财无法数清；国家仓库里的粟米都堆积如山，快要溢出来了，很多粟米已经腐烂得不能食用了。国库的充实，为汉武帝对外征伐提供了良好的物质保障。

加之出使西域的张骞也回来了，还带回了西域地区的地理和水源信息，为汉武帝制订作战计划提供了宝贵的情报。在这种特殊的时势条件下，汉武帝从高处着眼，意识到应当改变以防守为主的国策，采取对外用兵的策略。

在战略布局时，汉武帝展现出了卓越的政治智慧：在北部疆域战场，他起用大将卫青、霍去病，将匈奴主力驱至漠北，基本解除了长期边患；西域方向，针对车师、楼兰等国家，他采取"军事威慑+外交羁縻"策略，逐步形成影响力；在南方版图，他派兵平定南越国叛乱，又通过军事屯田等策略，将云贵纳入中央行政管辖，强化了长江以南的政治整合。

汉武帝的成功，得益于文景之治的"天时"积累、张骞通西域的"地利"情报，更在于突破传统治国思维的"人和"决断——当多数大臣仍沉迷于"无为而治"时，他率先认识到：在复杂的地缘政治中，长治久安从来不是守出来的，而是靠高处着眼、主动布局创造出来的。

在漫长的历史长河中，总有像汉武帝一样的人物，凭借着超越常人的远见卓识，从高处着眼，深刻洞察整个局势，继而抓住机遇，顺应时代潮流，成为众人仰慕的英雄。

从高处着眼，意味着观察局势的层次得到了进一步提升，不仅仅局限于对表象的观察，更要对时代趋势、社会变迁、人性本质等深层次问题有深入的认识。而"时势造英雄"则强调了时势对个人成长的重要性。那些能够从高处着眼的人，往往能够洞察时势变化，制定长远的发展战略。

在现代社会，变革和创新是常态，而每一次变革都孕育着新的机遇，我们若想顺应时势，就必须敏锐地观察社会的脉搏，把握时势的发展方向，勇于担负起时代赋予的责任和使命，积极投身于有利于个人成长和社会进步的事业中。

在这个过程中，我们需要具备坚定的信念和坚强的意志，在面对困难和挑战时不轻言放弃，坚持不懈地向前迈进。同时，我们还要不断学习，以提升自我，尤其要注意跟随时势的变化，学习新知识、新技术，转变新观念，培养新思维，这样才能更好地适应快速发展的时代需求，从而脱颖而出，成为众人敬仰的楷模。

此外，我们还应当意识到，英雄不是靠单打独斗成功的，我们应当有大局观念和协作精神，多与他人沟通协调、相互支持配合，这样才能放大个人的力量，与他人形成一股强大的合力，有助于共同创造更加辉煌的未来。

10. 低处着手，积极落实

古语有言："飓风起于萍末。"这句话强调的是，事物的发展往往源于微小、不起眼之处。在做事时，我们若想取得成功，必须先从低处、从细节着手，找到问题的切入点和发力点，然后积极地采取行动。

"低处着手"并不是"高处着眼"的反义词，事实上，如果我们既有高处着眼的长远计划，又有低处着手的实干精神，就能实现更好的发展。

晚清重臣曾国藩就善于"低处着手，积极落实"。以写日记为例，这件别人眼中的小事，他却坚持了三十多年。对于生活中的点滴小事，哪怕只是给老家捎去了一些物品，或是平时走了哪一条路线，又或者和某人在哪里碰头，他都会在日记中记得清清楚楚。从中不难看出他严谨、细致的精神。

在领军打仗时，曾国藩更是将这种精神发挥得淋漓尽致。他制定了严格而细致的军规，就连在行军中几点起床、几点做饭都规定得清清楚楚。在安营扎寨时，他也很注重细节，会选择有利于防守的地方"结硬寨"，即构建坚固的防区。他对于围墙的高度、壕沟的深度等都有具体的说明，别人问他为什么要下这样的功夫，他的回答是"固根本"，也就是先尽力强化防御能力，争取不失败，然后再思考如何取胜。

据说李鸿章曾向曾国藩请教如何治理军队。曾国藩并没有直接给出答案，而是让李鸿章去观察士兵们的日常训练。李鸿章回来后，向曾国藩汇报说："士兵们训练得很认真，但有些士兵的鞋带系得不够整齐。"曾国藩听后便对他说："这就是我要告诉你的，治理军队，要从细节抓起。一个

士兵连鞋带都系不好，又怎么能指望他在战场上表现得很出色呢？"李鸿章听后恍然大悟，从此更加注重军队的细节管理。

曾国藩坚持写日记，一丝不苟地规划着日常琐事，这些行为看似微小，却展现了"低处着手，积极落实"的智慧。这一智慧告诉我们，不管做什么事情，都应当从最基本的环节开始，脚踏实地地做好每一件事，才能逐渐产生良好的影响。所谓"不积跬步，无以至千里"，说的就是这个道理。

在快节奏、高压力的现代工作和生活中，我们常常会犯忽视细节的错误，容易忽视一些基础性、简单化的工作。然而，曾国藩的例子提醒我们，细节决定成败，很多时候，正是因为小事上的疏忽，才导致了整体的失败，因此，我们要时刻保持对细节的敏感度，要努力培养严谨细致的工作态度和生活习惯，才能不断推进个人的进步和发展。

另外，"低处着手，积极落实"还要求我们做事不能只停留在口头上，不能只有漂亮的承诺和计划，却不去执行。我们只有展开具体的行动，积极落实每一项计划，才不会陷入无意义的空谈中。

为此，我们可以将一些复杂的、难度较高的目标细化为具体可执行的步骤或计划，然后从最简单的步骤开始，坚持不懈地落实下去。

在这个过程中，我们需要及时收集反馈信息，如果发现问题，不要推诿，更不能逃避，而是要根据实际情况积极调整策略或改变方法，这样才能让执行的效果不断得到优化和完善。

11. 求之于势，不责于人

《孙子兵法·势篇》讲道："故善战者，求之于势，不责于人，故能择人而任势。"这告诉我们，善于作战的人追求形成有利的"势"，而不是苛责士兵，因此能够选择人才去适应和利用已形成的"势"。

"求之于势，不责于人"，是一条充满智慧的策略。它告诉我们，在面对环境和条件的变化时，应当积极地去适应形势，而不是随意责怪他人。

曹操深谙"求之于势，不责于人"的道理。在合肥之战中，他熟练应用这条策略，展现了非凡的军事智慧。

215年，曹操征讨张鲁，临走时令张辽、李典、乐进率七千余人留守合肥。当时很多人都觉得奇怪：这三位将军一向有隔阂，如果把他们安排在一起，会不会矛盾重重？曹操却认为，这三人的能力和性格其实可以互补的，若是能让他们团结起来，必然会产生意想不到的效果。于是，曹操将一封密函交给护军薛悌，叮嘱他说："若有敌人来犯，就将此信交给三位将军。"

不久，孙权率大军进逼合肥。在这个关键时刻，护军拿出了那封密函，只见上面写道："如果孙权来袭，张、李二位将军可以出战，乐将军必须守城，不得违抗。"

张辽坚决执行曹操的指令，做好了出击的准备。李典见识了张辽的无畏情怀和豪迈气魄，为之感动，表示愿意放弃之前的私人恩怨，听从张辽的指挥。乐进也愿意接受曹操的安排，安心守护大本营。可见曹操在分工时充分考虑到了三人的心态和能力，在大敌当前时，三人从"素皆不睦"，

变成了团结一致、齐心对敌。

随后，张辽、李典趁着东吴军队长途跋涉、筋疲力尽的机会，派遣先锋队突袭孙权所在的军营，使吴军陷入混乱。张辽等人在奇袭成功后，没有贪功冒进，而是迅速撤回城中，巩固防御。孙权围城十余日，眼见无法攻克，只好无奈地退兵了。

在合肥之战中，曹操没有对将领们的作战行动进行过多的干涉，也没有苛责他们缺乏团结协作的精神。作为经验丰富的军事家，曹操深知战场的"势"瞬息万变，所以他只留下一封密函和只言片语，给了几位将领一些原则上的指导，至于具体执行方案则由他们根据实际情况自行决定。这种"求之于势，不责于人"的策略不但能够很好地顺应战场形势，还能发挥将领们的主动性和积极性，让他们打出一场漂亮的攻防战。

我们也可以将这种策略应用于现实生活中。首先，我们要理解"求之于势"中的"势"，它指的是外部环境的力量和社会发展的趋势，这些因素会对我们的行动和决策产生重大影响。因此，我们要善于把握这些外部趋势，将其作为自己行动的依据和支撑。

比如，对于刚刚步入职场的年轻人来说，在面对激烈的竞争和不确定的就业市场时，他们可能会感到迷茫和无助。这时候如果能够"求之于势"，即深入了解当前的就业形势和行业趋势，积极提升自己的专业能力和综合素质，主动适应市场需求，那就有可能脱颖而出，获得不错的机会。

其次，我们要深入理解"不责于人"：一方面，我们在遇到问题时，不要过度依赖他人，而是要充分发挥自己的主观能动性；另一方面，如果遇到了困难和挫折，我们也不要把责任归咎于他人。这是因为责怪他人不但不能解决问题，还会让自己陷入消极的情绪中，更有可能破坏人际关系的和谐。

　　此时，我们应当将目光投向自己，即多从自身寻找问题的根源和解决问题的有效途径。这样不但有助于培养责任感和担当精神，还能帮助我们认识到自己的不足，激发我们不断改进，从而促进个人能力和素质的提升。

12. 排除干扰，识势为先

识势，顾名思义，就是识别局面，看清形势。北宋史学家薛居正在他的著作《势胜学》中，开门见山地写道："不知势，无以为人也。"意思是说，如果一个人不明白事物发展的趋势，就会缺少为人处世的根基。

这句话其实并不夸张，万事万物都处在发展变化的过程中，而发展变化又有总的趋向，这就是"势"。"势"对个人的生存和发展至关重要，只有正确认识和利用"势"，我们才能达成最终的目的。

古圣先贤中，善于识势者不在少数，三国时期著名谋士郭嘉就是其中之一。

郭嘉自少年时就很有见识。当时天下纷乱，他很少抛头露面，而是在家中潜心钻研学问，所以知道他的人并不多，但见识过他的人，无不感叹他的才华。郭嘉曾投靠在袁绍门下，深受袁绍器重。但郭嘉发现袁绍不具备"成大事"的能力，于是毅然离开。

这时曹操手下的谋士荀彧向曹操推荐了郭嘉。两人见面恳谈后，曹操对郭嘉十分认可，出门后就对人说："能帮助我成大业的人，非郭嘉莫属。"

当时，曹操最大的敌人就是称霸一方的袁绍。曹操有意征讨袁绍，又担心会遭遇失败，便向郭嘉征询意见，郭嘉分析了双方的成败因素，断定曹操一定能战胜袁绍，让曹操坚定了讨袁的信心。

在曹操进攻吕布时，由于吕布固守城池，曹军在长时间攻城后疲惫不堪，曹操便有了撤军之心。郭嘉便以有勇无谋的项羽为例，告诉曹操，吕布的能力远不如项羽，所以应当乘胜猛攻，切不可半途而废。曹操听从了郭嘉的建议，一鼓作气，拿下了吕布这块难啃的"硬骨头"。

后来，刘备假装去征讨袁术，趁机从曹操身边溜走，还举兵反曹。曹操想要剿灭刘备，但又担心袁绍会趁着这个机会偷袭许都。郭嘉又及时分析了当前形势，指出袁绍性情迟缓且多疑，即便有进攻的打算，也不会很快行动。而刘备立足未稳，曹操正应该迅速出击，打败他后，就可以回头对付袁绍。曹操按照郭嘉的计策行事，打得刘备落荒而逃，还俘虏了大将关羽，而袁绍正如郭嘉所料，一直没有出兵。

这之后，曹操和袁绍展开了官渡之战，双方僵持不下。东吴的孙策想借此机会渡江偷袭许昌，切断曹操的后路。消息传来，曹军人心惶惶，郭嘉却又一次做出了准确的判断，认为孙策性格过于轻率，又缺乏防备，看似来势汹汹，其实不足为患。没过多久，孙策就被仇敌派出的刺客所杀，曹军的危机也解除了，众人都称赞郭嘉"神机妙算"。

官渡之战，袁绍败北，曹操大获全胜。袁绍死后，众人想乘胜追击袁绍之子袁谭和袁尚，郭嘉又适时阻止。他认为袁绍这两个儿子为了争位必然反目成仇，所以曹操想要攻打他们，不必急于一时。曹操听从郭嘉的建议，带兵转攻刘表，随后就传来二袁相争的消息，足见郭嘉善于识势，已经达到了料事如神的地步。

看到这一个又一个让人惊叹的案例后，我们不禁要问，郭嘉究竟是如何"识势"的呢？

首先，郭嘉能够排除各种信息造成的干扰。比如在孙策来袭时，曹操阵营中有各种各样的说法，甚至还有很多不靠谱的"小道消息"，但郭嘉却没有受此影响。他深入洞察人性，了解孙策的性格和行事风格，在此基础上做出了精准的判断，为曹操排除了来自孙策的潜在威胁。

其次，郭嘉能够排除负面情绪造成的干扰。比如在征讨吕布的过程中，曹军一度士气低落，军营中弥漫着恐慌、焦虑等消极情绪，甚至曹操自己都产生了疑虑，郭嘉却始终保持着镇定和冷静。这样，才能理智地分析形势，意识到吕布已经濒临绝境，此时正是进攻的最佳时机，可以说这场战争的胜利与郭嘉的冷静、睿智有很大的关系。

此外，郭嘉也很善于排除次要因素的干扰。在复杂的局势中，他总是能够抓住核心问题，专注其上，比如在攻打刘备时，郭嘉一眼锁定了主要矛盾和次要矛盾，建议曹操将精力集中于攻打刘备，不要过于担忧袁绍会不会进攻。这种清晰的思路帮助曹操明确了战略目标，也树立了必胜的信心。

面对复杂多变的环境，我们应当学习郭嘉的做法，努力排除各种信息、情绪、次要因素等的干扰，从而保持清晰的思路和判断力。

接下来，我们就可以尝试"识势"，这听上去并不容易，但我们要知道，事物发展变化的趋势总是会通过各种各样的方式表露出迹象来。从这些迹象入手，进行全面深刻的综合分析，从中找出规律性的东西，便能做到"识势"。学会"识势"，我们就不会被一些肤浅的表面现象所迷惑，也就能够真正抓住问题的关键，这样我们才能制订出符合实际、切实可行的战略和计划，为未来的行动提供有力的指导。

13. 势来要放，势去要收

《孟子·公孙丑上》写道："虽有智慧，不如乘势；虽有镃基，不如待时。"这句话的意思是，即使有过人的智慧，如果不能顺势而为，也无法充分发挥智慧；同样地，即使拥有再好的农具（引申为良好的物质条件），如果时机未到，也不能轻易采取行动。

将这句话应用于日常生活中，就是要懂得顺势而为。这就好比一个人站在山顶，向下推动一块圆石，它就会顺着山坡自然地滚落下来，既省心又省力。

唐代使节王玄策曾运用顺势而为的策略，实现了一次伟大的壮举。

647年，王玄策带领使团抵达中天竺国，不料该国突发政变，王玄策等人被叛军俘虏。

王玄策想办法逃了出来，但他心中所想的不是个人的安危，而是要挽回大唐的尊严。但他深知自己势单力孤，必须借助外部力量顺势而为，才有可能赢得转机。于是他让自己冷静下来，充分研判了当时的形势，决定先向吐蕃求援，并成功说服吐蕃派出一千余名士兵相助。

接下来，王玄策又巧借吐蕃之势，向泥婆罗（今尼泊尔）借兵。泥婆罗不敢怠慢，决定调动七千骑兵相助。章求拔国（毗邻泥婆罗的小国）闻讯后，也不敢坐视不理，派出一支队伍前来帮忙。于是，王玄策有了一支强大的联军，他趁着士气正旺时，领军进攻中天竺国。

在战斗中，王玄策充分分析战场形势，采取了分兵合击、诱敌深入等战术，大败中天竺军队，斩杀三千余人。最终，王玄策率领联军攻陷了中天竺国的都城，俘虏了叛军首领阿罗那顺。

攻克中天竺国后，王玄策顺势追击阿罗那顺的残余势力，缴获了大量战利品，也让唐朝声威大振。随后，他带着俘虏和战利品返回长安，向唐太宗李世民汇报战果。唐太宗对他的英勇和智慧给予了高度评价，后世更是对他大为称赞，说他是"一人灭一国"的真英雄。

在形势不利于自己的时候，王玄策没有盲目行动，而是深入洞察局势的变化，采取顺势而为的策略。他巧妙地利用了外部力量，灵活地调整战略战术，顺应了形势的发展，最终击败了看似强大的敌军。

这个事例不仅是对王玄策个人能力的充分肯定，也是对顺势而为这一策略的精彩诠释。

如果我们深入剖析"顺势而为"，会发现这种策略包含两个层面，即"势来要放"和"势去要收"。也就是说，当形势对我们有利时，我们要抓住机会，积极利用；反之，当形势十分不利时，我们要及时收敛，以避免无谓的损耗和冒险。同时，我们可以参考王玄策的做法，及时调整策略，在眼前的困局中寻找可能的突破口。

举个简单的例子：当公司遇到新的销售机会时，我们需要采取"放"的战术，即主动开拓市场，积极与客户沟通，满足他们的需求；反之，当客户需求发生变化或市场竞争加剧时，我们就要采取"收"的战术，即及时调整销售策略，重新定位客户群体，以保持竞争力。

而在个人职业发展中，如果遇到了晋升的机遇，或是有学习成长的好机会，我们就要主动抓住机会提升和充实自我，这与"势来要放"的思路是吻合的。但要是职业发展遇到了瓶颈，或是求职环境发生变化，导致机会减少，我们就要按照"势去要收"的思路行事——或是调整职业规划，寻找新的发展方向，或是通过学习来增强自身竞争力，这样才能为下一次"势来"做好准备。

　　“势来要放，势去要收”让我们可以更加自如地应对生活中的种种挑战。在面对不确定的形势变化时，我们不会盲目乐观或过分悲观，而是能够保持冷静和理性，审慎地评估和处理，争取在“放”与“收”之间找到最佳平衡点，从而获得更好的结果。

14. 借势谋局，乘势而上

借势谋局，就是利用时势、人心、环境等各方面的有利因素，制定合理的策略，以引导外界的力量，达成自己的目标。简单来说，借势谋局就是在对的时候，找到对的人，做对的事。

清朝著名"红顶商人"胡雪岩就是一位善于借势的高手。胡雪岩幼时家境贫寒，曾在商行做过小伙计，后来又到钱庄做学徒，因为办事勤奋、能力突出，得到了掌柜的赏识。恰好掌柜年迈无子，胡雪岩便成了钱庄的继承人。正是在这一时期，胡雪岩结识了可以借势的关键人物——王有龄。

那时候的王有龄在仕途上很不如意，胡雪岩和他交谈后，发现他很有潜力，便决定资助他。日后王有龄果然有了一番作为，心中始终记着胡雪岩的恩情。

胡雪岩积极投身于慈善事业，设立过粥厂、善堂等慈善机构，还出资恢复因战乱而中断的交通，在民间赢得了良好的声誉。再加上他协助左宗棠收复新疆有功，还得到了朝廷的嘉奖，被赐予二品顶戴，成为当时人眼中"天下一等一"的大商人。

胡雪岩成功的首要因素在于他能够有效地利用和整合人脉资源，从中发现可以借势的对象。在事业成功后，他又乘势而上，投身于慈善事业，提升了自己的社会形象，也赢得了更多人的尊重和支持。

胡雪岩用亲身经历告诉我们，成功不能只依赖自身的能力，更要懂得借势，要争取一切可以争取的力量，利用好外部资源。

为了更好地借势，我们首先要调整心态。在现代信息爆炸的社会，知识更新速度极快，如果我们一味地固守过时的观念或经验，就容易落后于人，甚至连"势"都发现不了，又何谈"借势"呢？因此，我们先要从心态上做好准备，保持耐心，不断接收新的信息和观点，才能敏锐地捕捉到借势的机会。

其次，我们需要提升自身的能力。其实任何一种借势的方法，都离不开过硬的自身素质。也就是说，"势"的源头仍在自己身上。因此，我们需要保持学习的热情，不仅要学习各方面的知识，还要学习专业技能，只有成为某个领域的专家或佼佼者，我们才能更加有效地向行业领军者"借势"。

除此以外，想要借势，我们还要善于与他人建立合作共赢的关系，共享双方的资源、人脉，这样更容易达到事半功倍的效果。

15. 无中生有，学会造势

借势，是指在已经有了"势"的情况下，积极地顺势而为，以最小的代价达到自己的目的。而造势则与之不同，之所以要造势，是因为当下并没有适合自己发展的"大势"，此时想要成事，就要学会"无中生有"，让事物的发展朝着我们希望的方向进行。

陈胜、吴广起义就是一个非常典型的造势的例子。秦二世即位后，大兴土木，四处巡游，耗费了大量人力和财力，老百姓苦不堪言。

陈胜、吴广等人被派到渔阳戍边，途中遭遇倾盆大雨，道路不通，耽搁了行程。按照当时的法律规定，他们将被处斩。陈胜和吴广心想，反正怎么做都是死路一条，还不如号召大家一起反抗秦二世。但他们担心众人不服他们的贫苦出身，便想了很多办法来造势。

他们先是打出了公子扶苏、楚将项燕的旗号，吸引人们前来响应。接下来，他们又用朱砂在白绸上写下"陈胜王"三个字，塞进鱼肚子里。负责押送他们的士兵买鱼回来煮着吃，发现了鱼肚中的白绸，不禁大吃一惊。

随后，陈胜又派吴广深夜到一处古庙里点燃篝火，模仿狐狸的声音叫喊："大楚兴，陈胜王。"大家听到声音都很害怕。陈胜也因为这件事出名了。

眼看时机成熟，吴广借机杀死了看管他们的军官，并大喊"王侯将相，宁有种乎！"。这一口号得到了大家的响应，陈胜、吴广顺势发动了起义，动摇了秦朝的残暴统治。

在起义前，陈胜、吴广充分利用了"无中生有"的策略，如鱼腹藏书、篝火狐鸣等为自己造势。这些手段虽然带有迷信色彩，但在当时的社会背景下，却能够增强起义军的凝聚力。

在造势的同时，他们还借扶苏等人之"势"，让自己的起义显得师出有名，因而更有号召力。

在现代社会，不管是个人还是组织，都可以适当利用舆论造势，以提升自己的知名度和影响力。当然，这并不意味着我们要编造虚假信息来误导他人，而是要在真实的基础上，通过合理的手段来造势。

至于具体的造势方法则有很多种，比如，我们可以与行业内的意见领袖合作，通过合作项目、内容共创等方式，提升自己的专业形象，扩大受众范围。

我们还可以采用"参与关键事件"的策略，也就是要抓住在关键时期出现的具有代表性的事件，通过发表独到见解、进行专业分析等方式，展现自己的专业能力，以吸引更多关注和支持。

此外，我们还可以对自己进行适度的"包装"，以提升影响力。而这需要先明确自身的定位、专长和独特价值，然后围绕这些核心要素设计专业的个人形象、定位统一的风格，再通过定期发布高质量的内容，不断强化自己的形象，让"个人品牌"能够深入人心。

需要注意的是，造势需要一定的时间，对此我们要有足够的耐心，要持续不断地付出努力，并要根据受众的特点，选对合适的造势方法，才更容易获得成功。

第三章 | 审时度势，灵活应变

16. 君子不器，随势而动

《论语》中有这样一句话："子曰：君子不器。"由于缺少上下文背景，这句话的译文历来存在很多争议。有人认为，这句话说的是，君子不能像器皿那样只有固定的用途，而应该有多种多样的能力；也有人认为，这句话的意思是，君子不能让自己局限于某种形态，而应当根据具体情况灵活变通。

在善于权谋的人看来，"君子不器"，是要求我们保持一定的灵活性，能够跟随环境的变化灵活调整自己的行为和策略，也就是要做到"随势而动"。

战国时期，只会"纸上谈兵"的赵国将军赵括，堪称"君子不器，随势而动"的反面教材。赵括是名将赵奢之子，从小就跟随父亲学习兵法，熟读各类兵书，谈论起兵法来无人能及，就连他的父亲都说不过他。

后来，秦赵两国交战，秦军派人散布谣言说，如果赵括担任将军，秦军必败。赵王听信了谣言，立即任命赵括为大将。

赵括走上战场后，根据自己从兵书上学到的知识，修改了军中的规章制度，还临阵换将，导致军心不稳。秦军一直在偷偷地观察情况，当他们看到赵括的所作所为后，知道计谋得逞，便调遣军队，假装败退。待赵括领军攻来时，秦军立即出击，截断了赵军运粮的道路，还把赵军分割成了两部分，让他们前后不能照应。

接下来的日子里，赵军既没有粮草，又没有救兵，苦苦坚持了四十多天，才终于决定拼死一搏。谁知他们还没杀出重围，赵括就被秦军射死。之后赵军群龙无首，四处溃散，几十万赵军投降，却惨遭秦军坑杀。

在这个故事中，赵括至少犯了这样几个错误：第一，他虽然熟读兵法，在理论上无所不知、无所不晓，却无法将理论应用于实践，这属于"理论与实践脱节"的错误。第二，赵括还犯了"墨守成规"的错误，他只知道生搬硬套兵书上现成的例子，却不能根据战场上的具体情况灵活地进行调整，必然会导致失败的结果。

在现实生活和工作中，我们应当从这个故事中吸取教训。不管做什么事情，我们都不能拘泥于固定的模式，而是要根据具体形势，在适当的时间迅速采取行动。这样我们的工作效率才会大大提升，做事情也会更顺利、更容易取得成功。

具体来看，要做到"随势而动"，我们可以从以下几个方面入手。

首先，我们需要观察和分析外部环境的趋势和变化。这包括对竞争对手、技术革新、客户需求等方面的观察，以及对社会、经济等大环境的数据分析和趋势预测。

其次，当我们对形势有了清晰的认识时，就要迅速采取适当的行动，以适应形势的变化，时刻把握主动权。

此外，在面对不确定的环境和挑战时，我们需要保持灵活性和适应性，以随时调整自己的思维和行动方式。而这意味着我们需要放下过去的固执和偏见，切勿故步自封、不思进取。

"智慧的标志是审时度势之后再择机行事。"在这个纷繁复杂的社会中，我们需要牢记"君子不器，随势而动"的道理，以开放的心态和灵活的行动方式，顺应外部环境的变化，从而求得更好的发展。

17. 反应灵敏，应变机警

不管是在日常生活中还是在职场环境里，总会有各种各样的突发事件不期而至。此时我们不但要保持高度警觉，还要迅速、准确地做出反应。这种反应灵敏、应变机警的能力不仅能帮我们应对各种挑战，还能提升我们的竞争力和适应能力。

春秋时期，郑国商人弦高在敌军进逼时，就展现出了这种能力。

郑文公去世后，秦穆公借着郑国政局不稳的机会，命大将孟明视等人率领大军偷袭郑国。

秦军主力浩浩荡荡地来到了滑国（今河南偃师东南）境内。此时，弦高正赶着一群牛，打算到成周（今河南洛阳）去贩卖，正好遇到了秦军。得知秦军要去袭击自己的国家，弦高一面派人回国报告情况，一面假扮成郑国的特使，要求面见秦军主将。

弦高见到秦军大将孟明视后，恭恭敬敬地说道："我们国君听说秦军要来郑国，非常重视，让我做特使，先送上一份薄礼，望将军笑纳。"接着，弦高献上了准备好的十二头牛和几张熟牛皮。

孟明视本打算在郑国毫无防备的情况下发起攻击，可现在郑国使臣竟来犒劳军队，说明偷袭之计是行不通了。于是，在弦高走后，孟明视等人决定放弃原计划，他们在灭掉滑国后，便打道回府了。

弦高得知秦军的意图后，立即意识到了危机。他没有忽视这种危机，而是开始思考应对方案。虽然他面临的情况十分紧急，但他没有慌乱，而是冷静地分析了形势，做出了大胆而巧妙的决策——冒充郑国使者，以犒劳秦军为名，向秦军传递虚假的信号，让秦军误以为郑国已做好了准备，从而放弃了偷袭计划。

弦高的一系列表现很好地体现了反应灵敏、应变机警的智慧。其中，反应灵敏意味着能够快速察觉到周围环境的变化和发展，而应变机警则强调在面对变化和发展时，能够以机智、灵活的方式做出快速的应对和调整。

如果我们也想拥有这种能力，就需要培养以下几项关键的素质。

首先，我们要提升自己的危机意识，哪怕此刻身处顺境，也要学会居安思危，要明白潜在的危机随时都会到来，从而未雨绸缪，做好必要的防范。

其次，我们要具备快速决策的能力。在面对紧急情况时，我们不能消极地等待，也不能故意逃避，而是要以最快的速度找到最有利的解决方案，争取把事情处理好。否则，小事可能会变成大事，大事可能会演变成严重的事故，这是我们一定要避免的。

最后，我们要学会积极沟通，尤其是多与上级或能力比自己强的人沟通，因为这些人站的位置比我们高，看得比我们远，知道如何更好地处理问题。如果我们经常向他们请教，或是能够邀请他们共同解决问题，无形中也能提升自己的能力。

需要注意的是，在突发事件结束后，我们仍然不能掉以轻心，此时一定要对整件事进行全面复盘，以便从中吸取经验教训，然后做好风险预案，以便下一次再遇到类似的突发事件时，我们能更加从容地应对。

18. 把握良机，果断决策

电影《大话西游》中有这样一段经典台词："曾经有一份真诚的爱情放在我面前，我没有珍惜，等我失去的时候，我才后悔莫及。人世间最痛苦的事莫过于此。"这里的"真诚的爱情"不仅代表了个人情感生活中的重要机遇，也可以引申为人生中任何值得我们去追求、去珍惜的宝贵机会。

这句话也提醒我们，机会总是稍纵即逝的，如果犹豫不决、瞻前顾后，就会错失良机，留下永久的遗憾。因此，我们应当把握良机，果断决策，主动出手，这样才能收获更多的幸福和成功。

春秋时期，晋国公子重耳流亡到了齐国，受到齐桓公的款待，齐桓公还把宗室之女齐姜嫁给了他。

重耳在齐国生活无忧，逐渐失去了斗志，甚至产生了"老死齐国"的想法。跟随重耳一起流亡的臣子赵衰等人不愿看到这样的情况，他们密谋将重耳偷偷带出齐国。

齐姜得知此事后，并没有像一般女子那样儿女情长，也没有偷偷向国君告发，而是劝说重耳，让他把握机会，尽快离开。可是，沉湎于安乐生活的重耳却不肯听从。齐姜十分着急，苦苦劝告道："沉迷于享受，贪图安逸，只会让你的才华和志向化为泡影！如果你现在不走，就没有机会了，将来你一定会后悔的！"然而，重耳之前一直在流亡，如今好不容易过上了好日子，又怎么舍得放弃呢？

齐姜费尽口舌也没能说服重耳，只得狠下心来，果断找了个机会将重

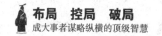

耳灌醉，让赵衰等人把他带出齐国。

离开齐国后，重耳又踏上了流亡之路，他仿佛如梦初醒，终于找回了自己的志向。后来，重耳在秦穆公的帮助下即位，是为晋文公，日后更成为春秋五霸之一。

在面临是否离开齐国的抉择时，重耳表现得犹豫不决。但齐姜却深知机不可失的道理，她表现出了非凡的果断和决心，联合重耳的臣子们采取行动，终于把重耳带离了齐国这个"安乐窝"，让他清醒过来。

我们不妨想象一下，如果没有齐姜看准时机并果断决策，就不会有晋文公日后的丰功伟绩了。

这个故事让我们更加重视"把握良机、果断决策"的智慧。因为只有把握良机，我们才能更有效地利用资源，包括时间、金钱、人力等。也只有果断决策，我们才能在合适的时机采取行动，达到事半功倍的效果。

需要注意的是，果断不等于武断，更不代表一意孤行。真正的果断，是在审时度势后做出决定。为了避免判断失误，我们应当做好以下几点。

首先，在机会出现时，我们要进行快速但不失理性的分析。我们可以多列出几个备选项，然后列出每个备选项的优缺点，再对比它们在实现目标中的权重。

其次，我们要给每个选项设定优先级，以便更好地权衡利弊，做出决策。为此，我们可以试着问自己这样的问题：哪个选项能带来更大的收益？哪个选项对我们的长期目标更有利？当这些问题都有了答案后，我们就不会感到迷茫了。

在权衡和选择的过程中，我们还要学会接受不确定性。很多人之所以犹豫不决，其实是因为害怕不确定性。但是，不确定性是生活中无法避免的一部分，不管是日常决策，还是职业选择、人际关系的选择，我们都无法完全预测未来的结果。因此，我们要接受不确定性的存在，这可以有效减轻我们的焦虑和恐惧，让我们能够更加轻松地做出决策。

最后，当我们分析了所有的选项，设定了优先级后，就要果断行动，切勿让犹豫不决影响我们的未来。要记住，一个明智的决策总是需要勇气去执行的。果断决策的人可能会犯错，但也好过什么都不做。千万不要任由机会一个个消失在眼前，到那时，我们就只能永远活在遗憾里了。

19. 以逸待劳，择时而动

以逸待劳，出自"以近待远，以逸待劳，以饱待饥，此治力者也"。意思是说，提升军队战斗力的最好方法，是用就近做好准备的军队去对付远道而来的敌人，用休整好的军队去对付疲劳的敌人，用吃饱饭的军队去对付饥饿中的敌人。

由此可见，想要战胜敌人，或是解决困难的问题，并非只有一味地进攻这一种方法。有时候，以逸待劳，择时而动，更能让我们掌握主动权。

历史上有很多成功运用"以逸待劳，择时而动"策略的案例。战国时，秦国向地处南方的楚国发动了大规模的进攻，秦将李信年轻气盛，领兵二十万伐楚，却中了楚国将领设下的伏兵之计，大败而归。

秦国改派名将王翦率领六十万大军，浩浩荡荡地杀向楚国。此时，楚国军队在将领项燕的统率下，已经做好了迎战的准备。王翦见楚军士气旺盛，不愿正面强攻，以免造成无谓的牺牲。于是，他命将士们加固壁垒，安心防守。即便楚军日日前来挑衅，秦军始终避而不战。就这样，双方对峙了整整一年。

在这一年中，王翦让将士们好好休息，以恢复体能，同时改善了军队伙食，提升了士兵们的身体素质。经过一系列的调整后，士兵们个个精神饱满，斗志昂扬，对胜利充满了渴望。与此同时，楚军被拖得无可奈何，士气越来越低落。楚军认为秦军只会自保，没有攻楚的能力，便决定暂时撤退。没想到王翦一直在等的就是这个机会，他立刻下令全军追击正在撤退的楚军，打得楚军落荒而逃，楚将项燕战死。接着，王翦又率领秦军乘胜追击，一举攻下了楚国的国都，活捉了楚王。

在敌军士气正旺时，王翦选择了以逸待劳的策略，通过长时间的坚守不战，不仅迷惑了楚军，让其逐渐放松警惕，还为自己的军队争取到了休整和准备的时间；而当楚军出现了撤退的表现时，王翦抓住时机，以排山倒海之势展开进攻，大败楚军，他的行动既迅速又准确，充分展示了择时而动的智慧。

从这个例子中，我们可以看出，以逸待劳，择时而动是一种高超的布局艺术。在外部条件不具备时，我们要耐得住寂寞，不盲目行动，不乱作为；我们还要懂得养精蓄锐的道理，不断壮大自己，积蓄力量，等待机会出现时再行动，这样取胜的把握更大。

在日常生活中，如果我们想要实施以逸待劳，择时而动的策略，就需要明确以下几个方面。

首先，我们要对自己面临的情境有清晰的认识，才能确定以逸待劳的策略是否适用。而且，在应用此策略前，我们还要评估自己有没有足够的资源来支撑长时间的等待，这里的"资源"包括金钱、物力、人力、心理承受能力等等。

其次，我们不能把以逸待劳错误地理解为消极等待。在"待"的同时，我们要像王翦一样，始终积极地观察形势变化，灵活地调整自己的策略和行动。在竞争激烈或风险较高时，我们要采取稳健或低调的战略，避免与竞争对手发生不必要的冲突，给自己造成损失；而在对手犯错或失去优势时，我们就要采取积极或高调的战略，抓住机会，扩大自己的优势。

此外，在运用以逸待劳，择时而动的策略时，我们还要随时评估可能出现的风险和不确定因素，并要提前制定好应对措施，避免在形势发生变化后，自己却没能及时做出调整，从而造成不小的损失。

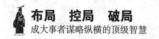

20. 因时而变，富有弹性

汉朝学者桓宽在《盐铁论》中提到"明者因时而变，知者随事而制"。这句话的意思是说，明事理的人会随着时期的变化而改变行事作风，有智慧的人会随着事情的发展而改变处事方法。

这就要求我们具有因时而变的弹性思维，要积极应对变化，不断适应环境，从而保持自己的竞争力和适应力。

秦末汉初的大儒叔孙通就是一个富有"弹性"的人。他在儒学方面有很高的造诣，被招入朝廷，后来还被秦二世提升为博士。但不久他就投奔了项梁，项梁死后，他又先后投奔楚怀王、项羽。楚汉之争时，叔孙通摇身一变，成了刘邦麾下的一员。

刘邦性格粗犷，不喜欢一本正经的儒生，叔孙通脑子一转，穿上了乡野村夫的麻布短衣。刘邦看他如此"识时务"，便对他产生了几分好感。

刘邦让叔孙通推荐可用的人才。叔孙通放着门下的弟子不用，却推荐了一些刘邦喜欢的莽夫壮汉，刘邦欣然接受，对叔孙通也更加看重了。

刘邦统一天下后，朝堂上却没有什么秩序和规矩，叔孙通便向刘邦建议，要制定一套简单易行的礼仪。最初刘邦不以为然，但却被叔孙通说服了，还把制定礼仪的重任委派给了他。叔孙通趁此机会，推荐了自己的弟子们，还提出要从鲁地召集三十名精通礼法的儒生，刘邦都同意了。叔孙通领着这些人一起制定礼仪，还组织了一次预演，刘邦看到大臣们按照新的礼仪制度井然有序地向自己朝拜，大为满意。随后，刘邦提拔叔孙通做了太常，还给了他不少赏赐，对有功的儒生也给予了封赏。

有人质疑叔孙通前后不一，问他为什么之前推荐草莽之人，后来又推荐儒生。叔孙通表示，自己这是"因时而变"，当年君主要争夺天下，正需要善于作战的强悍之人；而在国家趋于稳定、重视文治的时候，推荐文人、儒生是最合适的。之前有些儒生对叔孙通的做法有意见，经过这件事后，也不得不服气了。

长期以来，人们对叔孙通褒贬不一。有人说他反复无常，不值得信任，但司马迁等史学家却给予了他很高的评价，说他"与时变化"，称得上是"汉家儒宗"。的确，叔孙通总是走在时代的前列，当他感知到大环境的变化时，就会立刻调整自己的行为，不管是投奔不同的势力，还是举荐不同的人才，都能够体现他的"弹性"和适应能力。也正是因为他具备这些能力，才能在乱世中保全自己，并找到发挥才干的舞台。

在现代社会，环境的变化比古代更加迅速且复杂，"因时而变"的智慧显得更为重要。这里的"时"，指的是时代潮流。面对时代给予的各种机遇和挑战，如果我们的思维方式还停留在过去，又怎么能够跟上时代的步伐呢？因此，我们必须跳出固有思维，改变陈旧的观念，去了解时代的需求和特点。

更重要的是，我们要在心态上主动适应新的环境。相信大家都读过"刻舟求剑"的故事，故事中的寻剑人忽略了环境的发展变化，最终沦为笑柄。我们不妨想一想，自己是不是也成了一个盲目的寻剑人呢？如果我们不用发展的眼光看待问题，从船舷上刻记号的地方下水去寻找宝剑，结果只能是徒劳罢了。

当然，仅仅懂得发现变化还不够，我们还要采取与之相应的行动，才能取得成功。像叔孙通在发现情况有变时，就会立即行动，绝不迟疑。我们也要做到这一点，当环境和情况与之前不一致时，我们就要及时调整计划，并立即展开行动，这才算是做到了"因时而变"，而这也会让我们拥有更多成功的机会。

21. 镇静持重，避免急躁

诸葛亮在《诫子书》中说道："淫慢则不能励精，险躁则不能治性。"意思是说，如果人过于放纵懒散，就不能振奋精神；如果过分急躁冲动，就不能陶冶性情。

的确，性情急躁、偏激的人，往往难以取得成功。因为他们缺乏足够的耐心，遇事也不会深思熟虑，还很容易冲动行事，难免会把事情处理得更加糟糕。相反，那些镇静持重的人，才有可能把事情考虑周全，得到最好的解决方案。因此，为了取得成功，我们应该时刻提醒自己保持冷静，避免冲动行事。

在这方面，明朝的崇祯帝为我们做了错误的示范。崇祯帝刚登基时，明朝已经内忧外患，岌岌可危。崇祯帝怀着振兴国家的雄心壮志，一即位便采取各种措施，想要革弊除患。他先是清除了胡作非为的阉党集团，又为之前遭到阉党迫害的忠臣平反，还大力提拔袁崇焕等忠臣良将……这些举措让人们看到了大明复兴的希望。然而，良好的开局并没有持续多久，崇祯帝很快就陷入困境，其中一个重要原因是他本人过于急功近利，急于求成。

崇祯帝虽然强调唯才是举，但性情急躁的他却不能明察是非，而且他只有用贤之心却无容贤之量。这导致他经常被奸臣的花言巧语所蒙蔽，一次次地误害忠臣。崇祯帝并没有意识到，当时整个国家积弊已深，再英明的举措在短时间内都难以见到成效。随着时间的推移，他见事情并没有想象中那样顺利，就沉不住气了，动辄将责任推到大臣身上，频繁更换官员。在他执政的十七年间，仅内阁大学士就换了五十人。

崇祯帝还因为过于急躁，出现了严重的决策失误。名将卢象升曾提出"因粮"政策，目的是对富裕的官绅进行加征，以筹集军粮，对缴纳赋税在一定数额以下的农户，则不加征赋税。这个政策不但解决了军粮问题，还没有给百姓增加负担，因而得到了全面推广。然而四年后，崇祯帝又犯了急躁的错误，他下令加征二百八十万两白银。这一大笔钱让官绅们坐不住了，他们开始抗议。在他们的鼓动下，崇祯帝头脑一热，把"因粮"政策改成了"均输"，扩大了征收范围，把贫穷的老百姓也纳入了征收对象，而这势必会激化官民矛盾。很多老百姓本来就吃不起饭、穿不起衣，这下更是没了活路，只能选择造反。

就这样，崇祯帝夙兴夜寐，勤勤恳恳，却还是没能挽救大明。在李自成的起义军攻破北京时，崇祯帝的希望彻底破灭了，他自缢于煤山（今景山），年仅三十三岁。

崇祯帝在执政初期采取了一系列积极的举措，但他过于急躁，不能冷静地分析局势，也没能看清事情的本质。比如"因粮"政策的本质是促使脑满肠肥的官绅交粮纳税，缓解缺粮危机，但崇祯帝却采取了"一刀切"的做法，加重了人民的负担，酿成了日后的一系列恶果。由此可见，急躁行事危害不小，我们应当引以为戒。

在现实生活中，当我们面对各种压力和琐事时，难免会产生焦虑的心理和急躁的情绪。此时我们要充分认识到，急躁不但不能帮我们解决当下的问题，还可能带来更多的麻烦。比如，在急躁情绪的操控下，我们无法冷静、全面地分析局面，权衡利弊，也会忽略潜在的风险和问题，最终导致错误的决策。

急躁情绪还可能使我们感情用事。当我们处于焦虑和急躁的状态时，很容易出言不逊、出口伤人，这无疑会影响我们与他人的关系。

为了避免这些不良后果，当急躁情绪出现时，我们可以在潜意识中告诉自己，心急不能解决任何问题，所以要让自己"慢下来"。另外，我们可以有意识地培养镇静持重的品质。比如在计划事情时，不妨给自己留更多的时间，使计划更加周详；而在事情正在进行时，我们要避免过度干涉，也不要总想着追求即时的结果。

当然，我们还要弄清楚急躁产生的原因。有时急躁是因期望过高或不合理导致的，我们可以在分析局面后，给自己制定切合实际的目标和期望值，有助于缓解压力和情绪波动。

某些情况下，急躁是因为无法忍受困难和挫折而产生的，对此我们需要勇敢地面对问题，并积极寻找解决方案。在这个过程中，我们可以不断提醒自己：与其急躁、焦虑、抱怨不休，不如思考应对策略并采取行动，这是摆脱急躁最有效的办法。

第四章 | **抓住关键，把握细节**

22. 天下大事，必作于细

"天下大事，必作于细"这句话出自老子的《道德经》，原文是："天下难事，必作于易；天下大事，必作于细。"这句话的意思是说，想要解决难事，就得在事情容易解决的时候抓紧谋划；想要做大事，就得从细微之处着手。

这是因为，"难事"其实都是从容易的时候发展而来的，"大事"也都是从细微之初逐渐形成的。因此，有大智慧的人不会好高骛远、眼高手低，而是会认真做好每一件小事、易事，最终有所成就。

《后汉书》中有这样一个耐人寻味的故事。东汉时期，有一位名叫陈蕃的少年，他虽然胸怀大志，却因专注于读书，常常忽视了日常生活中的细节。

有一次，陈蕃父亲的朋友薛勤来访，一走进陈蕃的屋子，就看到满地杂物，脏乱不堪。薛勤不禁皱起了眉头，问陈蕃："你这孩子看上去斯斯文文的，怎么屋里却脏成这样？你为什么不打扫一下呢？"

陈蕃理直气壮地回答道："我是堂堂大丈夫，要关注的是天下大事，何必在意一间小小的屋子呢？"

薛勤听后，不禁连连摇头，反驳道："如果你连一间屋子都打扫不好，又怎么能够治理天下呢？"

陈蕃有远大的理想和抱负，看不起"扫一屋"之类的小事，但他没有意识到这样的事实：大事是由小事组成的，就像打扫屋子，看似寻常，却能锻炼个人的自律性、责任感，还能培养勤劳的品质。如果我们对所有的小事都不屑一顾，肯定不利于个人的全面发展，也不利于最终办成大事。因此，作为长辈的薛勤才会语重心长地提醒他：对待任何事物都应保持认真负责的态度，不能因为事情小就不去做。

时光荏苒，今天的我们同样不能忽视"一屋不扫，何以扫天下"的道理，因为它不仅是对个人修养和道德的教诲，更是对成功的一种深刻理解：只有当我们心甘情愿地将每一件小事都做好，积累足够的经验，培养过硬的技能，才会有信心和能力去完成更大的事情。正如"尽小者大，慎微者著"，能做好小事的人，才能成就大业；能注意小节的人，才能成就德行。

为此，我们应当树立细节意识，不能只关注宏大的目标和梦想，却轻视小事情、小细节，因为这些细节可能成为影响全局的关键因素。老子曾经这样说道："合抱之木，生于毫末；九层之台，起于累土；千里之行，始于足下。"这正是在告诫我们，要有从小事做起的决心，否则梦想将永远停留在幻想层面。

　　另外，我们需要培养良好的习惯。不管是在工作、学习，还是在生活中，我们都要自然而然地关注细节。比如发一封邮件，我们要注意"称呼得当"这个细节，这会给他人留下礼貌、认真、友善等良好的印象；再如撰写文档的时候，要注意字号、字体、行距等细节，这可以让文档显得更加美观，也能给人留下专业、谨慎的好印象。

　　此外，我们还要有精益求精的精神。即使已经完成了某个任务，我们也不能满足于现状，要对每一个细节谨慎打磨，不放过任何可以优化的地方。这样的做事风格不仅能够提升个人技能水平，还能够赢得他人的信任和尊重。

　　总之，做小事是一个锻炼心智、端正态度的过程，也是为做大事打基础的过程。荀子在《劝学》中说道："故不积跬步，无以至千里；不积小流，无以成江海。"这和"天下大事，必作于细"其实是一样的道理，我们不妨把这些道理铭记于心，把握好每一个细节，做好每一件小事，脚踏实地地为梦想拼搏。

23. 大处着眼，小处着手

曾国藩有一副对联是这样写的："大处着眼，小处着手；群居守口，独居守心。"这反映了他的处事原则。

"大处着眼"，说的是方向问题，即要从高处看问题，这样视野才会更开阔，格局才会更宏大。"小处着手"，说的是执行问题，即要找到具体的切入点，一步步稳扎稳打。而成功的关键，就在于"大""小"结合，同步谋划。

曾国藩一生都在贯彻"大处着眼，小处着手"的理念。就拿治家来说，曾国藩能够从大处着眼，认为家族想要有长远的发展，就要注重培养家族成员的良好品德，并要提升他们的学识、才能和眼界，以维护家族的声誉和地位。

同时，曾国藩也非常注重日常生活中的细节管理，也就是从小处着手，他曾经提出过治家八字诀，即"书、蔬、鱼、猪、早、扫、考、宝"。

其中的"书"，意为勤于读书，为了鼓励家族子弟多读书，曾国藩详细地指出了读各种书的方法，如"读史之法，莫妙于设身处地""读经以研寻义理为本，考据各物为末"等等。至于"蔬""鱼""猪"可以作为一个整体来理解，即家庭成员应当自给自足，平时可以亲自种植蔬菜、养鱼、养猪，这样不仅能够节约家庭开支，还能培养勤劳肯干的好品质。

八字诀中的"早"指每日早起，这样有利于养成规律的作息，让人能够以良好的精神状态投入到学习和工作中去；"扫"指打扫卫生，保持环境整洁，也能够反映出家庭成员的勤劳和细心；"考"不是"考试"的意思，而是"祭祀祖先"的意思，通过敬奉先辈，能够传承家族文化，提升凝聚力，还能培养家族成员的感恩和敬畏之心；"宝"指的是"以邻为宝"，也就是要处理好与邻居、亲友之间的关系，这也有助于保持家族的安宁、和谐。

曾国藩的治家理念让曾氏家族人才辈出，后代曾出现过外交家、翻译家、化学博士等等，他们在多个领域都取得了不凡的成就。

曾氏家族的辉煌，离不开曾国藩大处着眼、小处着手的精妙布局。从"大处"看，曾国藩制定了长远的发展目标和规划，为家族的繁荣昌盛打下了坚实的根基；从"小处"看，曾国藩对家庭生活的细微之处进行了深入的研究，用"八字诀"来描述具体行动，使大处着眼的目标得到了落实。通过"大处"定方向，"小处"抓细节，曾国藩成功改善了家族风气，提升了家族成员的整体素质。

对于我们现代人来说，应当如何把握大处着眼、小处着手的理念呢？

首先，我们要厘清"大"和"小"的关系。从表面上看，这两者是反义词，应当是相互对立的关系，可是在为人处世时，"大"和"小"其实可以相互弥补、相互促进。正如曾国藩所说的那样，"古之成大事者，规模远大与综理密微，二者缺一不可"。意思是说，从古至今那些能够成就一番大事的人，都是既注重立意高远，着眼大局，又注重细致谨慎，做好小事的人。因此，想要成就大事，"大"和"小"缺一不可——如果没有大的方向和格局，就会有无从下手之感。反过来，如果没有具体的抓手，再宏大的事业也会成为空中楼阁，难以真正落地。

其次，我们要做好大处着眼、小处着手的具体应用。在大处着眼时，我们要放眼全局，抬高视角，从现象中寻找规律，在大局中找准定位；而

在小处着手时，我们要在具体工作中抓好落实，厘清工作思路和具体措施，用扎实的行动支撑起全盘计划。

我们常说，既要仰望星空，又要脚踏实地，这也是对大处着眼、小处着手的生动诠释。只有将"大处"和"小处"有机地结合起来，我们才能扎扎实实地稳步前进，最终成就一番事业。

24. 见微知著，洞烛几先

《韩非子》中有这样一句话："圣人见微以知萌，见端以知末，故见象箸而怖，知天下不足也。"这句话的大意是，圣人具有敏锐的观察力和预见性，刚看到事情的苗头或一些微小的征兆，就能推测其发展趋势。

这种独特的见微知著的能力是非常宝贵的，它不仅体现了超常的智慧和洞察力，还能为正确判断和决策提供重要的依据。

在这句话中还包含着一个"象箸之忧"的故事，故事的主人公是商朝的最后一位君主——纣王。

商纣王年少时天资聪颖，能文能武，锐意改革，励精图治。然而，当他步入统治后期，却变得骄奢淫逸、贪图享乐。一天，大臣箕子前去拜见纣王，看到纣王正在用一双精美的象牙筷子进食，不禁十分担心。

箕子认为，纣王用了象牙筷子，以后就看不上粗陋的陶质餐具了，而是会用犀角或玉石制成的贵重杯盘；既然餐具都"升级"了，食物的品质也得提升，以前吃简单的杂粮饭就能满足，以后却要吃山珍海味；接下来，穿着、居住环境也会随之变化。不难想象，那时候的纣王会是什么样子，他肯定会穿着华贵的锦衣，乘着豪华的马车，住在奢华的宫殿里。君主如此贪恋奢侈享乐，整个国家的腐败之风就会迅速流行……

后来事情的发展正如箕子所料，纣王日渐奢靡，无心料理朝政，整日饮酒作乐，大兴土木，还搞出了"酒池肉林"等荒唐的行径，殷商王朝逐渐走向衰落，最终被西周所灭。

在很多人看来，吃饭用什么筷子只是一个无足轻重的小细节，但箕子

却注意到了这一点，说明他有极强的观察力，善于发现那些被人忽视的关键细节。

不仅如此，箕子还从这个微小的细节出发，预见了未来可能出现的一系列连锁反应，可见他有非凡的推理能力和预见能力。

这种见微知著，洞烛几先的能力是成功人士必备的素质之一。具体表现就是拥有敏锐的洞察力，能从细微之处见全局，从而先人一步，准确把控未来。

我们要想做到见微知著，就要注意观察细节。现代工作、生活节奏不断加快，人们常常会忽视对细节的审视，但细节中可能藏着机遇，也可能伴有风险，因此我们要留意那些不同寻常的信号，并要对其进行必要的分析，以免错过重要的信息。

另外，我们还要增强个人的风险意识和责任意识。因为我们的事业在向前发展，新情况、新问题会不断出现，我们面临的风险和挑战也会越来越多。所以形势越是复杂，我们就越要提高警惕，切勿产生侥幸心理，引发其他问题。

此外，我们还可以尝试培养预见能力，这种能力不是胡乱地凭空猜测，而是要在收集大量信息及历史案例的基础上，深入思考其背后的原因、逻辑和潜在影响，继而通过科学的逻辑推理，推导出可能的结果。在这个过程中，我们要注意考虑多种可能性，并要把一些不确定因素考虑在内，才能真正实现见微知著。

25. 纲举目张，执本末从

纲举目张，执本末从，来源于"秉纲而目自张，执本而末自从"。这句话出自魏晋时期哲学家杨泉所著的《物理论》，意思是说只要抓住渔网的总纲，成百上千的网眼就会自然地张开；同样，抓住了事物的根本，再多的细枝末节都会被自然地理顺。

这句话提醒我们，在面对复杂的问题和繁重的任务时，要学会抓住关键或主要环节，这样就能带动其他环节，问题也就能够迎刃而解。

汉朝开国皇帝刘邦是一个懂得纲举目张，执本末从的杰出政治家。

在楚汉争霸中，刘邦获得了最终胜利。有一次，刘邦大宴群臣，席间问了大家一个问题："为什么赢得天下的是我刘邦，而不是项羽？"当时大家面面相觑，都不敢抢先回答，生怕说错了话惹得刘邦不高兴。刘邦注意到了这一点，便要求大家必须坦诚作答，不许隐瞒。

于是，有大臣回答说："陛下乐于与大家分享胜利果实，而项羽却对手下疑心重重，这就是他失败的原因。"

刘邦却摇头说："你没有说到关键处。我之所以有现在的地位，主要归功于三个人——张良、萧何、韩信。说到运筹帷幄，我万万比不上张良的智慧；说到治理国家，我又不如萧何善于谋划；说到决战沙场，我又比不上韩信的用兵如神。但我能够很好地任用这三位英才，因而能够坐拥天下。项羽却刚好相反，他手下无人可用，唯有范增算是个人才，项羽却不能发挥他的才华，这种人怎么可能称霸天下呢？"

刘邦这一段发自内心的表述，显示了他作为一名政治家，善于把握问

题本质的能力。当两个政权相争时，刘邦思考的是如何才能取胜的问题，而这个问题的关键是发现和利用好人才。

刘邦正是这么做的，他找到了自己需要的人才，将他们安排到合适的位置上，给他们充分的权力和信任，这被他视为问题的"纲"。把握好这个"纲"，就能带动其他所有问题得到解决，进而能够赢得楚汉争霸的胜利。

这个例子给我们带来了深刻的启发。我们每天需要处理的事情很多，但事情再多再繁复，我们也要把握好最关键的、最重要的环节，也就是要抓住"总纲"，这样我们在做事时就能取得事半功倍的效果。相反，如果我们做事时毫无重点，总是"眉毛胡子一把抓"，就会陷入"瞎忙活"的状态中——耗费了很多时间和精力，却毫无所得。

管理学界和经济学界有一条著名的二八法则，指的是在一个系统中，关键的因素只占很小的比例（约为20%），但它们却能产生大部分的结果（约为80%）。这些关键因素可以看作系统中的"纲"，抓住了它们，就能有效地带动整个系统良好运作。比如在一个企业中，只要抓好20%的骨干力量，再以20%的少数带动80%的多数员工，就可以提高整体效率。

二八法则其实也是纲举目张，执本末从的一种体现，它对我们处理问题和管理个人精力有着重要的指导意义。比如，平时做事时，我们要抓住主要矛盾和关键问题，不要在琐事上浪费太多时间。为了让自己做事更有效率，我们不应追求面面俱到，而是要学会重点突破——先找到那关键的20%，再把自己80%的资源用于其上。

按照这样的思路，我们在处理任何事情时，就能迅速厘清线索、抓住纲领，区分主次。这不仅能够提升做事的效率，还能帮助我们做出更为合理和有效的决策，避免不必要的失误和错误。

26. 防微杜渐，谨小慎微

防微杜渐，谨小慎微饱含着人生智慧。其中的"微"和"小"，指的就是小事小节。它提醒我们，在日常生活中，要谨慎对待那些看似容易的事情，认真处理那些细小的环节，这样可以避免很多问题。

相反，如果不注重防微杜渐，做事总是漫不经心、满不在乎，迟早会导致非常严重的后果。

唐代名将郭子仪在平定安史之乱中立下赫赫战功，被封为汾阳郡王，可谓权倾天下。然而，他并未因此骄傲自满，相反，他为人十分谨慎，从不会因为小事得罪人。

郭子仪获封郡王后，每天来拜访他的人络绎不绝。郭子仪淡然处之，每当有客人来的时候，他从不要求妻妾和下人们回避。但每次御史中丞卢杞来访，郭子仪却会让府中无关的人避开。家里人很不理解，说御史中丞不过是个四品官员，比他职位更高的人到家里来，郭子仪也没有这么讲究过，为何会对卢杞的到访如此小心谨慎呢？

郭子仪告诉家里人："卢杞这个人，虽然有才能，但相貌极其丑陋，特别是面色如蓝靛一样，而且他心胸很狭窄，容易记仇。如果我让你们留下来，你们一看到他的长相，难免会笑出声来，那他肯定会怀恨在心，日后他身居高位时，必然会对我们展开报复，我们一家就有大麻烦了。"

后来，卢杞成功坐上了宰相的位置。只要是他看不顺眼的，或是和他有过节的人，他都会利用手中的权力去打击报复。而郭子仪由于平时防微杜渐，谨小慎微，得以保全家族，并安享天年。

郭子仪虽然已经站上了权力与荣耀的山峰，却依然能够保持谨小慎微的作风。他会重视每一个细节，哪怕只是无心之失，他都会注意避免。因为他深知"小事不小"的道理，很多时候，哪怕只是在某个细节上有所疏忽，都有可能为未来埋下隐患，到时即使再后悔也于事无补。

正如古话所说的"慎在于畏小，智在于治大"，也是在提醒我们，谨慎要体现在对小事的敬畏上，智慧要表现在对大事的处置上。若是小节有失，大节必然难保。

为了做到防微杜渐，谨小慎微，我们要细心捕捉可能造成大影响的小问题。心理学上有一条著名的"破窗效应"，讲的是一幢建筑物的窗户被打破了，又没有人及时前来维修，其他人就会受到"示范作用"的影响，去打破更多的窗户，或是进行更多的破坏，导致这座建筑物变得破败不堪。

这就说明，如果对一些小问题放任不管，迟早会演变成大问题，甚至发展到无法补救的地步。在日常生活中，"破窗效应"常常是从细微之处开始的，因此，无论身处何种情境，我们都要谨慎对待小事小节。

比如，在工作中，我们应当仔细核对每一份文件、每一条数据，避免因为小失误而造成大的损失；在人际交往中，我们也要注意自己的一举一动、一言一行，避免因无心的言语或行为给他人造成严重的情感和心理伤害。

此外，我们还要有一些前瞻性，对于各种不良的小苗头、小倾向，要提前预防其潜在影响，做到未雨绸缪，及时化解。比如，在规划项目时，我们要考虑到可能面临的风险，并制订相应的应对方案；而在个人健康方面，则要注重日常保养，及时处理一些小毛病，预防严重疾病的发生。

任何事物的发展，都要经过从无到有、从小到大的过程。大的难题往往是由小的隐患引起的，量变到了一定程度就会发生质变。所以我们要经常提醒自己做到防微杜渐，谨小慎微，这样才能将可能发生的危机扼杀在萌芽之时。

控局篇

稳固根基，驾驭全局

第五章 │ 以德服人，以信立威

27. 以身作则，取信于人

有句古话是这样说的："人无信不立，业无信不兴，国无信则衰。"在当今这个时代，每个人在交往中都有着求稳、求可靠的心理，取信于人就显得格外重要。

信任是建立所有深厚的人际关系的基石。在工作中，信任有助于降低人与人之间的交易成本，促进良性合作。当人们彼此信任时，更容易达成共识，实现共赢。信任也有助于个人成长。在一个充满信任的环境中，我们更容易发现自己存在的不足，从而能够不断完善自我。此外，信任还能带来安全感，让我们能够更加自信地应对生活中的挑战。

想要取信于人，以身作则是最有效的办法。"以身作则"这个词源于《论语》。鲁国的执政大夫季康子找到孔子，询问治国理政的办法。孔子指出，如果执政者有心为善，百姓就会跟着做好事。执政者的言行举止就像风一样，老百姓的表现就像草一样，风吹过来，草会顺着风倒下去。所以执政者带头走正道，谁还敢不走正道呢？

后人根据这段话，概括出了"以身作则"四个字，提醒领导者或在社会中扮演重要角色的人，都要通过自己的行为来树立榜样，以赢得他人的信任和尊重。

《列女传》中有个故事，讲述了一位深明大义的母亲教育儿子以身作则的道理。这位儿子是楚国大将子发。当时他率军攻打秦国，正处于相持阶段，眼看粮草不多，就派人回都城请求楚王增加粮草供应。

子发请送信的使者代他回家探望母亲。使者来到子发家后，子发之母询问起了前线的情况。她先问前线的士兵食物是否充足，使者说士兵每天都能吃到豆子；接着她又问将军的情况如何，使者说将军过得很好，每日早晚都有好肉好饭，请她不用担心。

不久，子发凯旋，回家向母亲报喜，但母亲竟然不让他进门。子发不知道自己哪里做错了，母亲告诉他："以前有人向越王进献了一壶美酒，越王不愿独自享用，便派人将那坛酒倒入江水的上游，让所有士兵在下游打水喝，意思是和大家同享美酒。士兵们感受到了这份同甘共苦的心意，能不在战场上奋勇向前吗？再看看你，眼看粮草快要断绝了，你却吃着大鱼大肉，而士兵们只能吃几颗豆子，这样做对吗？此次你虽能得胜回朝，但这实属侥幸，你这样的人不配进我的家门。"

母亲这一席话让子发惭愧不已，他接受了母亲的批评，也认识到了自己的错误，母亲见他态度诚恳，才同意让他进门。

子发的母亲用越王与士兵共享美酒的典故，启发儿子以身作则，只有

与士兵们同甘共苦，才能获得士兵们的信任和拥护，也才能够激发士兵们的忠诚和战斗力。

所谓正人先正己，以身作则，对我们每一个人来说，都是一条极为重要的道德规范。我们只有严于律己，慎言慎行，作风正派，才能提升自己的个人魅力，并能够潜移默化地影响身边的人。特别是团队的领导者，更应当以身作则，这样才能真正发挥好带头作用，保证各项政策的有效实施。

那么，我们如何才能以身作则，取信于人呢？首先，我们在言行上要保持一致，不可出尔反尔。如果做出了承诺，无论在执行的过程中遇到多少困难，我们都要努力克服，确保顺利完成。

其次，不管是在工作中，还是在社会上，我们都要严格要求自己，遵守各种规章制度、法律法规，这样才能起到带头示范作用，会让身边的人自觉地效仿。

此外，遇到问题时，我们不能急着责备他人，而应当先进行自我反省，如果发现有做得不到位的地方，就要及时改正。这是一种有责任感的体现，也能为他人树立良好的榜样。

总之，权威的建立并不在于自身拥有的权力和武力，而在于他人的信任和信赖。想要扩大自身影响力，就要注意以身作则，这样才能让他人愿意追随。

28. 虚心纳谏，知错就改

古人云："智者千虑，必有一失。"仅靠自己一个人，即使思考得再周全，也免不了会有疏漏和错误。因此，我们要虚心听取他人的意见，做到虚心纳谏，这样才能及时发现自己的错误，并进行改正。反之，总是妄自尊大，听不进别人的意见，不仅会阻碍我们的成长，还会造成不必要的损失。

在历史上，因为刚愎自用、不能虚心纳谏而造成重大决策失误的事例不胜枚举。

前秦皇帝苻坚统一北方后，又想亲征东晋。这天，苻坚召集群臣，想听听他们的意见。没想到只有秘书监朱彤支持他的想法，其他大臣都提出了反对意见。

大臣权翼认为，东晋没有犯下大错，并且他们君臣和睦，上下一心，难以攻破。大将石越则提到东晋有长江天险可守，恐怕难以攻打。

苻坚很不高兴，当即反驳道："我有这么多的士兵，即便每个人向长江里投一条马鞭，都能让长江断流，有什么好怕的呢？"

石越却仍旧劝苻坚不要冲动行事，建议他暂且按兵不动，多囤积粮谷，待时机成熟后再谋划灭晋。

苻坚失去了耐心，将群臣遣离，只留下了阳平公苻融，问他对这件事怎么看。苻融坦率地指出了几个不利因素，如出师无名、士兵疲惫不堪、百姓也不愿再发生战事等。苻融还说提出反对意见的那几位都是忠臣，希望苻坚能够接受他们的建议，不要一意孤行。

　　然而，符坚已经什么都听不进去了。他征集了百万大军，信心满满地出征了，结果被东晋的八万兵马打得落荒而逃，这就是历史上著名的以少胜多的淝水之战。前秦从此一蹶不振，最终被鲜卑人和羌人打败。符坚在逃亡过程中被叛军抓住，活活勒死。

　　符坚在统一北方后，自信心不断膨胀，他过分高估自身的军事力量，忽视了战争中的复杂性和不确定性。尽管忠臣良将从不同角度为他分析了攻打东晋的不可行性，但他不假思索一律否决。因为不懂得虚心纳谏，也认识不了自己的错误，他在决策上显得极为自大，最终难免会走向失败。

　　事实上，每个人都会犯错误，这是正常现象。犯错并不可怕，关键是我们能否认识到自己的错误并积极改正。如果我们能够虚心纳谏，积极听取他人的正确意见，就会认识到自身的不足和错误，进而能够想办法改正，从而避免犯更多的错误或制造更多的麻烦。

　　因此，我们应当多一些包容，愿意接受他人不同的观点，能听得进去他人的批评。在倾听他人观点的时候，我们要注意避免犯先入为主的错误，也就是不能预设立场，或是让偏见主宰自己的思维。我们应当谦虚一些，给他人留下充分的表达空间，才能获得更加全面的意见或建议。

　　对于从外界接收到的意见，我们还要进行分析和评估，在评估时也要保持客观、理性的态度，才能确定某一条意见是否合理、是否对自己有帮助。如果这条意见非常中肯，我们就要吸收和接纳它，并可以根据它来改善自己的行为，让自己不断进步。

　　此外，我们还应向那些给予自己中肯意见的人表示真诚的感谢。这不仅能够增进彼此之间的信任和尊重，还能鼓励对方未来继续提供有价值的意见，帮助我们不断成长。

29. 内外相应，言行相称

"内外相应，言行相称"出自《韩非子·解老》。其含义是，一个人的内心世界应该与外在表现保持一致，要做到言行一致，不要表里不一、虚伪做作。这既是对我们个人的高标准要求，也是我们走向成功的重要保障。

《史记·商君列传》中记载了这样一个故事。秦国原本比其他六国落后，秦孝公即位后，为了改变这种局面，便开始重用商鞅，希望通过变法来振兴国家。

商鞅深知人们不容易接受新法，为此，他想了一个办法——在都城南门立起了一根三丈长的木头，然后发布公告说，谁能把这根木头扛到北门，就赏谁十金。

公告引发了许多老百姓讨论，大家认为这木头谁都扛得动，根本用不着十金，所以公告一定不是真的。商鞅见没有一个人去扛木头，也不着急，下令把赏金增加到了五十金。这下大家讨论得更激烈了。

终于，一个青年走了出来，大声说："我能把这根木头扛到北门去！"之后，青年扛起木头，向北门走去，围观的人们也跟了上去。青年到达北门后，商鞅立即叫人拿了五十金给他。这下大家都信服了，纷纷称赞商鞅言出必行。从此以后，商鞅在百姓中树立起了威望，他制定的新法颁布后，推行得也很顺利。

商鞅坚信新法一定能够获得成功，这种强烈的内部信念驱动着他采取了相应的外部行动——在城门立柱并承诺重赏搬木者。而且他在做出言语的承诺后，就一定会有兑现的行为，这种内外相应、言行相称的做法不仅让他赢得了民众的信任，还展现出了他实施新法的决心和信心，民众也被深深感染。

内外相应、言行相称，对我们的人际关系、职业发展和个人成长等都有重要意义。从人际关系来看，大部分人都会通过一个人的言行来判断其可靠性和可信度。言行高度统一的人更容易赢得他人的信任，因为他们的言辞和行动之间没有矛盾，会被认为是诚实、正直和负责任的。这种形象有助于其在社交场合中树立良好的声誉。

从职业发展来看，在团队中，领导者若能言行一致，会更容易获得下属的尊敬和支持；成员们若能言行一致，会更有助于明确目标和提高执行力。当大家都清楚地知道彼此的承诺和行动时，就能更有效地协同工作。

从个人成长来看，内外相应、言行相称的人更容易达到内心平衡的状态，他们能够坦然面对自己和他人。这种一致性有助于增强自尊和自信。相反，如果一个人经常言行不一，他可能会感到内疚，并会产生自我否定，从而影响心理健康。

要达到内外相应、言行相称这一目标，我们需要更加深入地了解自己的价值观、信念和情感，明确自己的真实想法和内心愿望。因为只有充分认识自己的想法和定位，才能审视自己的内心世界和外在行为是否一致。更重要的是，在认识自己之后，还要确保行为与内心信念及价值观一致，不做违背自己原则的事情。

比如，在做决策时，要考虑自己的内心感受和道德准则，而不仅仅是外在的利益或压力；在与人交流时，则要保持真诚，学会坦率地表达自己，而不是一味迎合他人的期望或社会压力；对于承诺过的事情，要尽力去实现，例如遵守时间安排、完成工作任务和履行其他责任。如果无法兑现承诺，要及时沟通并解释原因，以维持他人对我们的信任。

内外品质的统一和言行一致，能够帮助我们建立良好的人际关系，赢得他人的信任和尊重，也能够提升自我管理能力，达成内在的自信与平衡，并在各种环境中更有效地实现目标。这些都能帮助我们最终取得成功。

30. 守法持正，嶷如秋山

守法持正，嶷如秋山，意思是遵守法律、秉持正义的人，其品格像高远、清冷的秋山一样刚正不阿，不会因外部环境的变化而动摇。

守法持正是一种可贵的品质，它不仅是个人品德的重要组成部分，也是赢得他人尊重和信任的基础。坚守法律底线，不徇私情，不偏不倚，是构建和谐社会、实现公平正义的重要基石。

隋朝官员赵绰就是守法持正的代表人物。赵绰品性正直刚毅，被隋文帝任命为大理丞。任职期间，他始终按照法律规定办事，政绩突出，屡获升迁，后来更成为刑部侍郎。

有一次，赵绰的同僚辛亶穿着红裤子上朝，认为这样就能官运亨通。但隋文帝最讨厌巫蛊邪术，得知此事后大为震怒，下令处死辛亶。赵绰坚决反对皇上的决定，说："根据现行的法律，辛亶不该被判死罪，我不敢奉旨。"

隋文帝勃然大怒，恐吓他道："你竟敢忤逆我的旨意，难道不怕死吗？"说着，就让侍卫将赵绰拉出去斩首。没想到赵绰却回答："宁可让陛下处死我，也不能处死辛亶！"

赵绰被押到朝堂外，正准备行刑，隋文帝想看看他是否已经后悔了，便派人询问："你还坚持你的想法吗？"赵绰说："我一心维护法律，就算为此失去生命也没什么可惜的。"隋文帝虽然生气，却也不得不承认赵绰是个正直的人，于是宣布释放他，第二天还向他道歉，并赏赐给他一些财物。后来，隋文帝对赵绰更加信任，经常把他请进宫中，和他一起讨论政治得失。

赵绰在执法过程中，始终坚持以法律为准绳，不因皇权的压制而妥协，哪怕因此得罪了皇帝，将为自己带来杀身之祸，他都不改初心。这份勇气和精神，着实令人钦佩。

赵绰的行为是"守法持正，巍如秋山"精神的最佳诠释。今天的我们应当继承和发扬这种精神，为建设一个和谐稳定的社会做出应有的贡献。

为此，在生活中，我们应当努力坚守各项法律法规。不管自己身处何种岗位、担任何种职务、拥有何种权力、面临何种压力，我们都应当像赵绰这样守法持正，巍如秋山。

另外，我们要培养勇于担当的精神。如果自己做错了事情，就要大胆承认，并要有勇气接受可能出现的结果。这会让我们感到安心和坦然，不需要为了掩盖错误或谎言而担忧，这也有利于心理和情感上的健康。

此外，在他人出现矛盾和纠纷，需要我们进行评判的时候，我们应当保持公正无私的态度，以事实为依据做出正确的判断，切勿因情感、利益等因素的影响而偏袒其中一方。这样不但会激化矛盾，还会破坏我们自己的信用和声誉。相反，如果能够像赵绰这样正直无私，就更容易赢得他人的信任和尊重，从而获得同事、客户和合作伙伴的信赖，甚至会成为社会的榜样和引领者，对周围的人都能产生积极的影响，以此推动整个社会向更高的道德伦理水平发展。

守法持正，巍如秋山是我们走向人生巅峰的重要指南。在追求事业成功的同时，我们更要注重塑造自己的人格，让这些品德成为我们一生的伴侣，陪伴我们走得更加坦然、从容且有意义。

31. 求真务实，善作善成

求真务实，善作善成是中华传统文化底蕴中的一个重要特点。"求真务实"是讲究实际、实事求是。东汉思想家王符将"务实"作为君子之德，在《潜夫论》中提出"大人不华，君子务实"，意思是说高尚的人不追求华丽的外表或浮华的形式，而有修养的君子很注重通过实际行动来解决问题。

"善作善成"则出自《史记·乐毅列传》，是指以好的方式、方法做事，能够取得好的结果。"善作"指的是会干、能干，"善成"则指善于达成目标、取得成果。可以说"善作"是"善成"的前提，而"善成"则表现为"善作"的成果，二者相辅相成、相互促进。

东汉渔阳太守张堪就是一个求真务实，善作善成的人。张堪来到渔阳后，做了很多实事，也取得了很多成果。他一方面申明法纪，追捕打击奸猾之徒，维护了社会秩序，让老百姓有了安全感；另一方面，他对官吏赏罚分明，让官员们对他心服口服，乐意为他效力。

在渔阳站稳脚跟后，张堪又想尽方法为老百姓谋福利。当时渔阳农业生产很落后，粮食产量较少。张堪在实地考察后，想办法引进了家乡南阳先进的农业技术和蜀郡的水稻种植技术。他亲自带领百姓开垦稻田，大力发展农业生产，让百姓过上了好日子。

张堪任职期间，因求真务实的工作作风赢得了百姓的交口称赞。当时有民谣是这样唱的："桑无附枝，麦穗两岐。张君为政，乐不可支。"清代康熙皇帝读到《后汉书》中张堪的故事时，还专门写了一首诗："狐奴城下稻云秋，灌溉应将水利收。旧是渔阳劝耕地，即今谁拜富民侯。"

张堪在治理地方时，不图虚名，不说大话，只讲究真抓实干。他的每一项工作，不管是打击犯罪，还是开垦农田、改善民生，都是先了解实际情况，再采取具体措施，而且每一项工作都力求落到实处，要给老百姓带来实际收益。也正是因为他一直按照这样的原则行事，才能取得出色的成绩，并赢得了朝堂内外的一致肯定。

从张堪身上，我们看到了做到求真务实的两个关键点，一是实事求是，二是真抓实干。在现实社会中，我们经常要面对各种各样的问题，想要解决问题，就要实事求是地认识问题，不能过于夸大问题，也不能过于藐视问题；而且我们还要从实际出发去分析问题，比如可以像张堪这样深入基层，了解最真实的情况，才更容易想到解决问题的方法。之后我们就要进入"真抓实干"的环节，切勿陷入毫无意义的空谈中。

在问题得到初步解决后，我们还不能掉以轻心，要确定所做的事情在质量、效果或者结果上都达到了很高的标准，没有遗漏或缺陷，符合我们的期望或要求。同时我们还要多加反思，以便及时总结经验教训，为今后做事提供有益的借鉴和参考，这样才算是达到了善作善成的要求。

人们常说，"空谈误国，实干兴邦"。我们只有立足实际，脚踏实地，勇于实践，敢于担当，才能化挑战为机遇，转潜力为实力；也只有把好的思路和决策真正付诸实践，求真务实，才能取得实实在在的成果。

32. 戒骄戒躁，谦虚谨慎

《论语·子路》中有这样一句话："君子泰而不骄，小人骄而不泰。"意思是说，君子有深厚的修养，在待人接物时会表现得平和自然，没有骄矜之气。相反，小人缺乏内在德行和修养的支撑，常常表现得骄横自大、飞扬跋扈，内心却处于不安定的状态。

很多时候，"骄"和"躁"反而是一种怯懦的表现。要做成大事，就要戒骄戒躁，谦虚谨慎。

在这方面，三国蜀汉大将关羽给我们做了错误的示范。关羽被后人称为"武圣"，能在万军之中取敌将首级。然而他却有一个致命的弱点，那就是性格骄横。

赤壁之战后，曹操元气大伤，不敢再轻易渡过长江。刘备就把荆州的地盘交给诸葛亮和关羽镇守，自己带着人马去攻打益州。两年后，刘备拿下了益州，诸葛亮也随之前往，留下关羽驻守荆州。

当时，荆州以北的樊城和襄阳由曹操手下曹仁镇守，荆州西边由关羽镇守，荆州东边则由孙权手下吕蒙镇守，这三方都想占领整个荆州。

这时候，曹操攻下了益州北边的汉中，刘备率领人马前往汉中与曹操交战。为了减轻汉中的压力，关羽攻打了樊城和襄阳。但关羽犯了几个致命的错误。

首先，东吴的孙权派遣使者前来，为自己的儿子求娶关羽的女儿，关羽竟然毫不掩饰地拒绝了，还轻蔑地说："虎女焉能配犬子！"这句话彻底激怒了孙权，使蜀汉与东吴的关系蒙上了一层阴影。

其次，吕蒙发现关羽骄横自大，急于求胜，便假装生病，让初出茅庐的陆逊代替自己镇守荆州东部。关羽丝毫不把陆逊放在眼里，把留在江陵大本营的兵马都调走了。陆逊趁关羽攻打襄阳和樊城，偷袭了他的大后方江陵和公安，断了他的后路。

最后，关羽留下糜芳和傅士仁镇守荆州大本营，但他平时对这两人很是傲慢，两人早就积怨在心。等到吕蒙带兵偷袭时，这两人便毫不犹豫地投降了。这桩桩件件的事情都与关羽的骄横有关，最终导致了他败走麦城和被杀的结局。

关羽虽然英勇过人，却自视甚高，不但藐视敌人，还轻视盟友，也不愿意听取他人的意见和建议，表现出骄横自大的特点。而在战场上，为了快速取胜，他又采取了冒险性极强的战术，表现出了冒进的特点。这些性格上的缺陷让他出现短视和冲动行为，最终导致了悲剧性的结果。

对于这样的例子，我们应当引以为戒。在现实生活中，我们要培养谦虚谨慎的作风。人们常说："虚心使人进步，骄傲使人落后。"谦虚是前进的必要条件。在工作场合，谦虚谨慎的人能够更好地听取团队的意见，做出明智的决策，也更容易获得同事和上司的认可。在社交场合，谦虚谨慎的人能够表现出对他人的尊重，会赢得他人的喜爱和信任。

与谦虚谨慎相对的就是骄傲自满、急于求成。比如，很多人在事业小有成就时，就开始骄傲自满，处处嚣张跋扈，这种人往往难以取得最后的成功。同样，性格急躁的人也难以获得大的突破。这是因为成功的道路是艰难而曲折的，而急躁的人思考问题往往过于肤浅、仓促，会影响自己的判断力和分析能力，从而做出错误的决定。另外，急躁的状态常常伴随着焦虑和压力感，会对身心健康产生负面影响。此外，急躁的状态还会让人难以深入思考和学习，无法掌握深层次的知识和技能，从而阻碍个人的成长和长远发展。

无论是在个人生活中还是在社会实践中，我们都应该戒骄戒躁、谦虚谨慎。同时，我们也要不断反思自己的性格和行为，以更加开放的心态去面对挑战和机遇。

33. 平易近人，积聚人气

《史记·鲁周公世家》中有这样一句话："夫政不简不易，民不有近。平易近民，民必归之。"这句话的本意是，如果政府的政令烦琐复杂，不利于百姓理解和执行，百姓就会对政府产生疏远感，甚至还会出现抵触情绪；相反，政府平易近人，政令简单易行，贴近老百姓的实际需求和利益，百姓就会对政府产生认同感和归属感。

后来，"平易近人"有了新的释义，主要指一个人态度温和，言行亲切，使人感到容易接近。在生活中，平易近人者更能让人感到舒适和放松，更易于进行开放的交流和分享，从而提高沟通效果，减少误解和冲突。平易近人者也更容易吸引周围的人，能够聚拢人气，提升自己的影响力。

东汉时期的官员刘宠，因平易近人的作风和卓越的政绩，在民间积聚了极高的人气。刘宠曾为会稽太守。他在任期间，没有任何"官老爷"的架子，能和老百姓打成一片。他十分关爱百姓，不仅废除了一些过于烦琐的规章制度，还严格禁止部下骚扰百姓，让老百姓能够安居乐业，因此深受百姓的爱戴。

后来，刘宠接到了朝廷的征召，不得不离开会稽，到京城任职。临走时，他看到当地百姓都出来为他送行，不禁十分感动。

此时，人群中走出五六个须发皆白的老翁，每人手里捧着百文钱，非要送给刘宠，说是给他作路费。这些老人还抹着眼泪说："别的太守动不动就搜刮民脂民膏，让我们不得安宁。自从您来到这里，我们才知道什么叫太平盛世。我们实在舍不得您走，只能用这一点点钱表达心意。"

刘宠不好意思接受，但老人们执意要送，刘宠十分无奈，只得从每位老人手中各取了一文钱，象征性地收下了。

这件事很快就传开了，人们都说刘宠是个难得的好官，给他起了个"一钱太守"的绰号。后来，老百姓还在送别他的江边建了"一钱亭"和"一钱太守庙"。

刘宠在会稽太守任上，展现出了平易近人的姿态。他与老百姓相处时，就像亲人和朋友一样，没有一点距离感。老百姓自发为他送行，歌颂他的功绩时，他也表现得十分谦逊。他的所作所为，让百姓知道他是真正关心他们、理解他们的人。

刘宠的事迹早已成为千古美谈。在今天看来，他那平易近人的精神仍然具有重要的现实意义和教育价值。

首先，我们可以向刘宠学习如何尊重他人。尊重是建立友好关系的基础，而尊重他人包括尊重他人的观点、感受和权利。比如，我们不应轻易批评或指责他人，对身边的人要表现出真诚的关怀，并要与他们产生共鸣，让他们感受到我们的理解和支持。同时，我们还要学会耐心地、不做任何评价地倾听，这也能让他人感受到我们的尊重。

其次，我们可以学习刘宠的谦逊温和。即使我们已经取得了一些成绩，也不要过分强调自己的成就或地位，而是要虚心接受他人的建议和批评，并要以平等的态度对待他人。如果想要发表不同的意见，我们应当以坦诚、直接的方式来表达想法和感受，同时要注意自己的身体语言，如姿态、眼神、手势等，以展现出谦逊和友好的形象。

此外，平易近人还要求我们根据不同的环境和对象选择不同的说话方式。比如在村镇，我们就可以使用一些乡村俚语、街头闲话；再如说话的对象是小朋友，我们就要用简单易懂的语言来交流。当然，我们还要记得避免使用冷漠或傲慢的语气，要通过微笑等行为展现亲和力，让对方发现我们是容易相处的人。

　　总之，平易近人是一种非常重要的品质，它可以帮助我们更好地与他人相处，有助于建立良好的人际关系。在日常生活中，我们应该时刻注意自己的言行举止，努力做到平易近人，让自己更加受欢迎。

34. 宽则得众，信则人任

在《论语·阳货》中，孔子的学生子张问孔子："我怎样才能成为有仁德的人呢？"孔子的答案是，做到"恭、宽、信、敏、惠"这五个字，就可以成为仁人。孔子还进一步解释说："恭则不侮，宽则得众，信则人任焉，敏则有功，惠则足以使人。"其中，"宽则得众，信则人任"，不仅是做人的美德，也是我们做事应遵循的基本规范。

"宽则得众"，指的是宽容待人，能够容忍他人的缺点和过失，就能赢得更多人的支持。而"信则人任"则强调了诚信的重要性。诚信是建立良好关系的基础。当我们表现出诚实和可靠的品质时，他人会更愿意与我们合作和沟通。

孔子一生中一直在贯彻"宽则得众，信则人任"的思想。他待人宽厚，哪怕有人当面冒犯他，他也不会生气，而是用宽容的态度去对待这些人，结果反而让大家更加爱戴他了。

孔子曾经和弟子一起周游列国，当他们驾车来到郑国时，被一个玩石头、瓦片的孩子挡住了去路。

弟子子路让孩子让路，态度有些粗鲁，孩子理都不理，孔子便亲自去和孩子交涉，还表现得非常有礼貌。可孩子不但没有让开，还问孔子知不知道自己在搭建什么。

孔子细细地观察了一番，发现那是一座简陋的城池。等他说出答案后，孩子得意地说："那你说车该给城让路，还是城该给车让路？"孔子想了想，不禁哈哈大笑："这孩子可真聪明啊，城池是固定不动的，怎么能给活动的车让路呢？"于是他吩咐弟子们，驾上马车绕"城"而过。

这件事引起了人们讨论的兴趣，大家都说孔子不但有满腹的学问，还有宽广的胸襟，能够宽容待人，对他更加崇敬了。

孔子不仅很宽容，还是诚信的典范。他认为人没有了诚信，就无法在社会上立足。在治国理政方面，他也高度重视诚信。

有一次，弟子子贡问他如何处理政事，他的回答是："准备充足的粮食，加强军备，赢得百姓的信任。"子贡想给他出个难题，便问他："这三项，能不能去掉一项呢？"孔子想了想说："那就去掉军备吧。"子贡还不满足，又问能不能再去掉一项，孔子沉思片刻，回答道："宁可去掉粮食，也要选择诚信。因为没有粮食至多是饿死罢了，但一个国家、一个政府若没有诚信，失去了百姓的信任，最终只能彻底垮掉。"

孔子的故事告诉我们，宽容和诚信是立身处世的根本。拥有这两种品质的人，更能赢得他人的尊重和信任，因而更容易在社会中立足并发展。

那么，今天的我们如何培养这两种品质呢？首先，为了培养宽容的品质，我们应当学会包容和理解他人，当他人出现错误或过失时，我们应当鼓励他们改正，而不是一味地指责。如果和他人发生了矛盾和冲突，我们要学会控制自己的情绪，避免冲动，同时我们可以尝试站在对方的角度进行换位思考，这能帮助我们理解对方的动机和感受，让我们变得更加宽容。

需要指出的是，这里所说的"待人宽容"，应当做到一视同仁，也就是说既要尊重贤能的人，也要容纳普通人，甚至是能力差的人，正所谓"君子尊贤而容众，嘉善而矜不能"，对各种人都能宽容对待，既能容人之长，也能容人之短，才能真正得到人心。

其次，为了培养诚信的品质，我们要学会以真诚的态度对待他人，不能为了谋取利益或出于其他原因而故意欺骗、背叛他人；在与他人沟通交流的时候，我们要做到诚实、坦然，不能刻意隐瞒重要的信息，以免误导他人。此外，我们还要记住，如果不能兑现诺言，就不要轻易许诺，否则也会破坏我们好不容易建立起来的诚信形象。

最后，我们还要牢记，宽容待人能博得众人支持，诚实守信能获得他人信任。若能在做人、处事中贯彻"宽则得众，信则人任"这八个字，必定能让自己成为受人尊敬和信赖的人。

第六章│**分权制衡，避免专权**

35. 权为恒，不为时也

　　权力在我们的生活中扮演着至关重要的角色，上至国家大事，下至个人小事，都不可避免地会受到权力的影响，但很多人对权力却没有清醒的认知。为此，我们不妨来听听冯道是怎么认识权力的。

　　冯道是五代十国时期著名的宰相，历经四朝十代君王，有"十朝元老"之称。对于权力，冯道描述道："权为用，不为大也；权为实，不为名也；权为恒，不为时也。"这句话的内涵是，真正的权力，在于能否为人民解决实际问题，而非权限大小；权力的核心在于真抓实干，而非追逐虚名；权力行使需始终遵循公心为民的根本宗旨，不为短期时势所动摇。这三句话精准地解析了权力的实质。

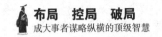

对于"权为恒，不为时也"，有这样一个例子值得深思。

明末农民起义军领袖李自成率领百万大顺军攻入北京城，最终导致明朝灭亡。然而，李自成进入北京城后，仅仅"享受"了四十二天的最高权力。

入京后，李自成便陷入了享乐之中，他封前明宫女为妃，每天沉迷在温柔乡里，无心处理朝中事务，更没有意识到清军的威胁。与此同时，为了解决军费问题，李自成授权大将刘宗敏向前明官员"追饷"。刘宗敏采取了极其残忍的手段，逼迫官员们交出钱财，这引起了众人强烈不满，李自成却没有做出回应。

在李自成的放任下，大顺军的军纪日益败坏，士兵们变得越来越疯狂。他们烧杀抢掠、无恶不作，给北京城内的官民带来了巨大的痛苦。在这个时候，吴三桂与清军结盟，两军联手打败了大顺军，使李自成不得不仓皇逃离北京。

面对大顺军的溃败，李自成并没有进行自我反思，反而怀疑起了手下的将士，导致人心进一步离散。1645年，李自成在湖北被地方军杀害，结束了自己短暂而传奇的一生。

由于自身认知的局限性，李自成一方面滥用手中的权力，另一方面忽视了对权力的稳固。他只知道享受权力带来的快乐，却没有想办法稳定人心、建设制度、整顿军队，最终权力基础被迅速瓦解，让他无法应对后续的严峻挑战。

事实上，权力是一把双刃剑，它可以是满足欲望的工具，也可以是有志者实现抱负的媒介。然而，权力一旦脱离了理性和道义，就会开始失控，其势头如同洪水猛兽，会带来毁灭性的后果。

有人说："一切世俗的权力都会使人成为无赖。"这句话其实并不过分，因为权力会让人产生一种莫名的优越感，甚至会变得傲慢自大，难以看清事物的本质。因此，在获得权力后，我们要时刻提醒自己，保持谦逊的态度，不断反思自己的言行举止是否符合道德标准。"德到得到，德不到得不到。"一个人要想有所成就、有所收获，要追求的是自身道德品质的提升，而不是本末倒置，因利欲熏心而追求权力。那样得到的权力不是福分，而是祸害。

此外，我们要注意到，权力往往会降低我们对他人的关注和对外界的感知，两者结合在一起，常常会让我们变得迟钝，不能及时发现危机，最终失去权力。因此，我们还要时刻提醒自己保持警觉，并要积极倾听各方面的意见，同时要做好长远的规划，不断提升自己的专业素养和领导能力，这样才有可能让权力在手中保持得更长久，以实现自己的抱负。

36. 上权勿侵，下权勿扰

想要长久保有权力，我们就要遵守一些规则，其中最重要的一条是"上权勿侵，下权勿扰"，也就是说，我们要注意守护权力的"边界"，不要随意侵犯上级的权力，也不要随意干涉下属的权力。这种上下级之间基本的权力规则是不能被破坏的。

女皇武则天当政时期，一个名叫王循之的太学生上表，想请假回家办事。

武则天认为这只是件微不足道的小事，正准备签字同意。这时，大臣狄仁杰连忙劝阻说："臣听说，君主除了生杀大权不能交给别人，其余的权力都可以下放给相关部门。官员们也应当明确各自的职权，以刑罚为例，左、右丞不负责徒刑以下的刑罚；左、右相只负责流放以上的刑罚。臣看王循之是太学生，他请假的事宜，应该由国子监负责审核和批准。如果天子为这种小事费心，全天下有那么多事情，您怎么能处理得完呢？所以臣建议陛下不要理睬这种小事，让大臣们各司其职吧。"

武则天觉得这话很有道理，便采纳了他的建议，让王循之回国子监请假，同时明确各级官员的职权，让上下级不会相侵或相扰。

从这个例子中，我们可以深入理解权力的分配和运用的问题。正如狄仁杰所言，上级应把握大权，专注于核心大事，不被琐事所累；下级也要按照各自的权力分配，做好分内之事。这样才不会出现权力混乱的问题。

而在现代社会，不管是政府治理，还是企业管理，都要注意这样的问题。像高层管理者应当专注于战略性、全局性的事务，日常事务则要逐级分配给中层、基层管理者，这样不但能够提升工作效率，还能减少权力冲突。

除了做好权力分配外，我们还要牢记"上权勿侵，下权勿扰"的准则。从"上权勿侵"来看，首先，我们不能随意挑战上级的权威，这是职场大忌。其次，我们不要居功自傲。从"下权勿扰"来看，在组织中，每个职位都有相应的职责和权力。我们要确保每个职位的责任和权力相互匹配，并要确保下属按照组织的规范和流程行事。在这个前提下，我们可以给予下属更多的自主权，以激发他们的积极性和创造力，同时也能避免自己被琐碎的事务所困扰。

此外，我们在给下级部署任务、提出要求的同时，也要为下属提供相应的支持和鼓励，及时解决他们工作中难以解决及不协调的问题。这样，也有助于防止或减少下属因来不及请示而出现的"越级"现象。

37. 上下可让，荣辱可易

《权经》记载："上下可让，荣辱可以易。"这句话道出了权力关系的底层逻辑：成熟的上下级交往，并非权力的生硬对峙，而是基于共同目标的主动调适——上级能容让权责以凝聚人心，下级愿让渡私利以顾全大局，双方在角色转换中实现荣辱与共的共生格局。

唐代宗与郭子仪的关系，便是对"上下可让"的诠释。

安史之乱时，郭子仪率军勤王，立下了汗马功劳，却遭到了皇帝的猜忌。唐代宗即位后，郭子仪被罢免，还被派去监督修建唐肃宗的皇陵。为了证明自己没有二心，郭子仪主动交出军权，还把肃宗在位时赐给他的千多件诏书、手令全部交给代宗。代宗看后十分惭愧，猜忌之心少了很多。

763年，吐蕃二十万大军攻破长安，代宗紧急起用郭子仪。临危领命的郭子仪一路收拢逃散的士兵，巧用虚张声势的办法迷惑敌人，仅十五天就收复了长安。代宗回到长安，愧疚地说："都怪我任用你太晚，才落到现在这个地步。"为了表示对郭子仪的看重和信任，代宗不再犹疑，任命郭子仪兼任河东副元帅、河中节度观察使、河中尹，坐镇河中府。

此后郭子仪多次力挽狂澜，却始终谨慎行事，不恋权位。代宗对他越发倚重，想进封他为太尉，却被他辞去。后来他又三次恳辞尚书令，代宗大为感动，命人将此事记入国史。

在这段君臣交往中，郭子仪让出的是"拥兵自重"的威慑力，换得君主的信任；唐代宗放下的是"帝王猜忌"的本能，换得社稷的安稳。二人在"上下可让"之间达成了"安天下"的共识。

"上下可让"的核心，在于打破权力关系中的僵固思维，建立"权责共担"的弹性机制。作为上级，需有"让权聚才"的胸襟，如唐太宗将尚书省事务委托给房玄龄、杜如晦，自己专注于战略决断，形成"天下英雄入吾彀中"的盛景；作为下级，当存"让责报国"的自觉，如明代张居正担任内阁首辅时，面对年幼的万历皇帝，主动挑起治国重任，推行"一条鞭法"，虽背负权臣之名，却以十年新政延续明室国祚。

这种让渡精神在当代组织中尤为重要，其价值早已超越了权力博弈的权谋层面，成为破解科层制困境、构建有机协作体的核心逻辑。

上级的"让权"，本质是对"控制权幻觉"的超越。在传统组织中，一些管理者沉迷于签字审批的仪式感，却忽略了权力的终极价值是激活组织效能。真正的"让权"，是在明确战略共识的前提下，建立"目标导向的授权矩阵"——将执行决策权下放给一线，让"听得见炮火的人"指挥战斗。这种让渡并非简单切割权责清单，而是通过建立信任契约，将"监督成本"转化为"创新红利"。

下级的"让责"，则是对"职位囚徒困境"的突破。在专业化分工细化的当下，"权责清晰"常被异化为"自扫门前雪"的精致利己：遇到边界模糊的任务便推诿扯皮，面对突发危机则等待指挥。而"让责"在当下则是"角色补位意识"的觉醒——当个体以"组织存活"为第一准则时，就会自然生发出"该出手时就出手"的担当。这种让渡不是盲目越级，而是基于共同目标的价值判断：当部门利益与整体利益冲突时，主动拆解"我的地盘"与"你的地盘"的心理围墙；当常规流程无法应对变局时，甘愿承担"打破规则"的风险成本。正如郭子仪视"家国天下"为己任，现代组织成员也应将"我的工作"升维为"我们的事业"。

　　从历史照进现实，"上下可让"应当成为破解权力困局的密钥：它让上级走出"全能者"的迷思，领悟"善假于物"的领导艺术；让下属超越"工具人"的定位，体会"共谋大事"的主体价值。如此一来，权力就不再是分割利益的利刃，而是编织共同命运的经纬，组织也才能真正达到"荣辱与共"的理想境界。

38. 权予能者，其身不倦

　　有的人在坐上高位后，总是把所有的权力都牢牢握在自己手中，独断专行，不放过任何小事。他们认为这样可以确保权力的稳固，可事实上，这种做法只会让自己疲于应付，筋疲力尽，更无法带领团队走向成功。

　　要想成就大事，就要将手中的权力适当授予下属，这样不但能让自己专注于大事，还能让下属获得锻炼和成长的机会。

　　蜀汉丞相诸葛亮足智多谋，却因为"亲理细事"而深受其累。《三国志·蜀书·诸葛亮传》记载："政事无巨细，咸决于亮。"这说明在蜀国，政事无论大小都要由诸葛亮做决定。

　　据记载："军中罚二十以上，皆亲揽焉。"也就是说，当时在军队中，只要被罚杖刑超过二十下的，都要由诸葛亮亲自裁决。可想而知，诸葛亮每天会多么忙碌。

　　后主刘禅十七岁时诸葛亮辅政，按照常理，刘禅到二十岁的时候就可以亲政了。可直到诸葛亮去世前，刘禅一直未曾亲政。这是因为诸葛亮上到朝廷大事，下至后宫小事，全都要过问，甚至在自己带兵北伐时也要将一切都安排妥当。

　　在诸葛亮眼里，刘禅永远是当年的"小阿斗"，不能治理好国家。诸葛亮一直对他过分溺爱，为他操劳国事，哪怕自己疾病缠身，也不敢完全放手。而且诸葛亮也不敢完全信任下属的能力，更没有时间去培养一个可靠的接班人。然而，一个人的精力始终是有限的，诸葛亮食少事繁，最终积劳成疾，病逝于五丈原（位于今陕西宝鸡）。朝中因此青黄不接，后继

无人。

诸葛亮在刘备托孤后，深感责任重大，事事大包大揽，生怕辜负先帝的嘱托。他在授权方面存在思想局限性，又对自己的才能一向自负，做事追求完美，自然难以放心地将事情交付给刘禅和下属。

可也正是因为他不愿意授权，事事过度干预，导致蜀国上下都要依赖他一个人，刘禅和群臣也没有锻炼和成长的机会，必然会影响政权的稳定和人才的培养。

现代管理者应当以此为戒，积极打破思想局限，学会授权于人。不过权力的授予不应随意进行，而是要先选定合适的人。比如"权予能者，其身不倦"就是一个不错的思路。其意思是把权力授予有能力的人，自己才有足够的时间和精力去处理更重要的事情。

那么我们该如何考察下属的能力呢？除了专业知识和业绩之外，我们还要重点关注以下几个方面。

首先，要考察下属的组织协调能力。任何大型的工程或项目都不可能靠一个人完成所有的工作。团队内部需要沟通，跨部门需要协作。我们要选拔的人才，就要有承担这些工作的能力。他们应具备较强的包容心，能够包容他人的错误，并且还要有较强的同理心，能够换位思考，理解他人的难处。与这样的人一起工作，会让人有被尊重、被理解、被支持的感受，有助于达到有效的沟通效果。

其次，要考察下属有没有管理思维。所谓管理，包括管人、理事。我们期望的人才，不仅要有出色的自我管理能力，能够把手头的工作处理得井井有条，还要有管理团队、帮助团队成员进步的能力。我们应当在日常工作中留心寻找这类人，将其列入授权的人选。

此外，要考察下属有没有持续学习的能力。很多人在工作后不再保持学习的习惯，他们在工作中更愿意选择按部就班地完成任务，能力会出现停滞不前的情况。而那些持续学习、保持进步的人，却会从各种角度思考解决问题的方法，让自己的能力不断提升。像这种坚持学习的下属也应当获得我们的重点培养。

当然，值得授权的能者还应具备很多能力，如专业技术过硬、善于融会贯通、思维严谨且有逻辑性、善于进行分析判断等等。对此我们可以在工作中多做考察，多给下属一些表现的机会，让他们充分施展才能，我们才会更容易发现真正的能者。

39. 权予忠者，其业不毁

将权力授予有能力的人，这是成就大事的前提。但在授权之前，我们还要考察人才的忠诚度。

如果将权力授予忠诚可靠的人，他们对组织有高度的责任感和使命感，愿意为组织的发展贡献自己的全部力量；相反，要是将权力授予不忠诚的人，他们很容易出现滥用权力、以权谋私等问题，相当于为组织埋下了一颗"定时炸弹"。

因为授权给不忠者，引发灾难性后果的例子，在历史上并不少见。明英宗时，武将石亨在与瓦剌的作战中多次获胜，得到了英宗的重用。在"土木堡之变"中，明军死伤惨重，英宗也被瓦剌军俘虏。瓦剌军乘胜追击，直逼北京城。这时大臣于谦临危受命，任兵部尚书，立英宗的弟弟为景泰帝，遥尊英宗为太上皇，主张全力保卫北京。

于谦很欣赏石亨的作战能力，对他委以重任。石亨也没有辜负于谦的信任，在北京保卫战中表现出色，被封为武清侯。石亨为了感谢于谦的提拔，向朝廷上书推荐于谦的儿子于冕做官。于谦知道后坚决反对，谁知这件事竟让石亨怀恨在心。

此后石亨官运亨通，不但屡屡加官晋爵，还曾多次代景泰帝行祭祀之礼。然而大权在握的石亨心态发生了改变，竟趁着景泰帝病重的机会，与太监曹吉祥等人勾结在一起，发动政变，将被囚禁的太上皇明英宗迎了出来，重新抬上皇位。

明英宗认为石亨等人有功，对他大加封赏，授予了他极高的权力。这让石亨更加骄横了，他一面广结党羽，巩固自己的势力，一面残害忠良，杀害了很多和自己有私怨的人，就连于谦都被他安上了谋反的罪名，被判处死刑。

英雄于谦的惨死引起了民众的强烈不满，而石亨自己也没有什么好下场。明英宗实在受不了石亨干预政事，便开始疏远他。后来，石亨因为意图谋反被关入诏狱，在狱中病死。

石亨虽然能力突出，但在忠诚方面却有很大的缺陷。于谦曾多次提拔他，景泰帝也对他十分信任，可在关键时刻，他却毫不犹豫地选择了背叛。明英宗授予他权力，他却把权力当成了打击报复他人的工具。这个例子告诉我们，当权力落到那些不忠之人手上时，后果会是多么可怕！

从这也能看出，权力其实是一把"双刃剑"，因此，在授权给下属时，我们必须慎之又慎，不仅要考察其能力、才干，更要注重其品德与忠诚度。所以我们有必要制定一些标准，来判断下属是否足够忠诚。

第一，下属应当有无私的奉献精神，不会过于计较个人得失；第二，下属能够不折不扣地执行上级的决定，出现问题不推诿，有失误也不为自己开脱；第三，下属能够站在全局的立场上考虑问题，哪怕在无人知晓的情况下，他也会主动维护集体利益；第四，下属不会利用职务之便为自己谋取私利。

在进行考察和判断时，我们还要注意，下属的忠诚不能只停留在口头上，而是要依靠实际行动得到证明。所以我们要综合考虑其长期工作表现、为人处世的作风等，才能得出有参考价值的结论。

此外，我们还要牢记，忠诚应当是双向的。作为上级，要尽力为下属提供良好的工作环境、合理的薪酬待遇和公平的晋升机会，才能赢得下属的忠诚。同时，上级也要尊重下属的感受，关注他们的成长，这样才有助于建立更加稳固的上下级关系。

40. 做好监督，明确责任

　　真正的领导者不能大包大揽，而是要学会做"甩手掌柜"。这里面的技巧有很多，例如了解员工的能力、给下属提供必要的支持等等。其中最重要的两点是要做好监督、明确责任，这样授权才会更加顺利，工作也才会有突破性的进展。

　　中国古代帝王为了监督官员，设置了许多机构并采取相应的方式方法。早在前106年，汉武帝就设立了刺史制度，起到了"反腐办公室"的作用，主要用来监督官员们的行为，看他们有没有违反法律。

　　当时全国被分成十三个"监察区"，每个"监察区"会派出一名刺史。刺史的地位相当高，在每个地方还有专门的办公地点。

　　到了隋朝，隋文帝更加注重监督官员的所作所为。据《隋书》记载，隋文帝曾经派出亲信暗中查访官员们，结果发现不少人有贪污腐败的问题，于是他一口气罢免了两百多人。有的时候，隋文帝还会派人故意向一些官员行贿，一旦有人犯错，就立即处罚。这些举措让很多官员每天战战兢兢，不敢接受任何人赠予的任何"礼物"。

　　在宋朝，宋太祖在全国所有的州都设立了通判。通判的人选由皇帝亲自任命，可以直接向皇帝报告，好让皇帝随时知道官员们的行为有没有异常。后来通判的职权还得到了进一步强化——如果他们不签字，知州发出的政令都没有办法执行。在他们的辖制下，官员们即使想为自己谋私利，也无法轻易实现。

　　不管是汉武帝设立的刺史，还是隋文帝暗中查访，抑或是宋太祖设立的通判，都体现了上位者对建立有效监督机制的高度重视。这些机制确保了授权的正当性和有效性，能够减少腐败和违法行为的发生。

在现代社会，无论是政府机构、企业还是其他组织，都需要建立科学、合理、有效的监督机制。要做到这一点首先需要明确责任，这是授权的重要前提。每一个组织成员必须清楚地知道自己的职责所在，为此，在实际工作中，我们要勾画出下属大致的职责范围，然后列出职责范围内必须关注的目标领域，再确定在关键领域内必须完成的目标。通过这样的流程，我们可以明确每一个人员的职责范围，以尽量减少混乱或出现真空地带。

其次，要进行工作进度跟踪。一个项目开展之前，我们需要对工作任务进行分析，评估工作量的大小，再对项目划分完成节点，然后要对员工进行详细讲解，让他们对工作内容有清晰的认识。在项目开始后，我们就可以对照工作进度表跟踪员工的工作进度。如果偏差较大，则要及时分析原因，并采取相应的补救措施，以保证工作正常完成。

最后，要进行结果反馈。既然是监督检查，必然会出现有人做得好、有人做得差的情况。对于那些效率高、积极能干的人，我们应该适当给予嘉奖，让他们保持高涨的工作热情，并提高工作执行力；对于那些经常出错或屡教不改的人，就要给予适当的批评和处罚。

此外，在进行监督工作时，我们还要认真细致、不敷衍。因为如果粗心大意，在某个环节出了错，就可能造成严重的隐患。所以身处团队管理岗位时，我们一定要用心监督，为整个团队负责。

第七章 | **恩威并施，刚柔相济**

41. 刚柔互用，不可偏废

曾国藩在他晚年总结人生经验时说道："近来见得天地之道，刚柔互用，不可偏废。"在他看来，做人不能太过刚强，也不能太过软弱，刚柔相济才是最可取的。

何为"刚"？何为"柔"？曾国藩也做了详细的解释："刚非暴虐之谓也，强矫而已；柔非卑弱之谓也，谦退而已。"意思是说，"刚"并不是要暴虐，而是在必要时展现出强硬的态度和行动，以维护自己的原则；"柔"也并不是指卑弱，而是强调一种谦逊、退让的品质。

《三国演义》中"七擒孟获"的故事，就是诸葛亮刚柔相济的经典案例。

南中地区的少数民族首领孟获多次侵犯蜀国的边境，诸葛亮决定南下征伐。在首次与孟获交战时，诸葛亮设下伏兵，孟获轻敌冒进，被蜀国大将魏延活捉，孟获率领的军队大败。孟获不服，说他是一时疏忽，再战必然取胜，诸葛亮就把他放了回去。

孟获重整人马，要与诸葛亮决一死战。孟获的部将董荼那趁他酒醉之际，绑缚孟获送给了诸葛亮。孟获仍不服气，诸葛亮第二次放了他。如此放了又捉，捉了又放，孟获被捉了七次。此时孟获终于意识到了自己的不足，又看到诸葛亮对南中地区的百姓怀有仁爱之心，不禁对他心服口服，感激地跪在诸葛亮面前，发誓以后永不造反，愿与蜀国世代修好。诸葛亮刚柔相济，克敌制胜，安定了蜀国边境，排除了北伐曹魏的后顾之忧。

在这个故事中，诸葛亮有自己"刚"的一面：面对孟获的多次反抗，他不轻易妥协，通过精心策划的战术和谋略，多次成功击败孟获的军队，显示出了必胜的信念和决心。当然，他也有"柔"的一面，具体表现为对孟获的宽容大度和对南中地区百姓的关爱和尊重。如此刚柔相济，连孟获都被他深深折服了。

这个例子也启发了我们，在为人处世时应注意刚柔相济、灵活应对。为此，我们应当深刻了解自己的性格特点，发现自己身上"刚"或"柔"的方面，并注意平衡二者，避免出现过刚或过柔的情况。所谓"太柔则靡，太刚则折"，就是在提醒我们，过于柔弱，会导致萎靡不振、失去自我，而过于刚强，则可能被轻易折断。

此外，我们需要灵活应用"刚"或"柔"的处事方式。从"刚"的角度来看，在面对困难和挫折的时候，我们要拿出刚健的勇气和毅力，以战胜恐惧、焦虑等负面情绪，改变悲观心理，并能够激发自身的无限潜能去战胜困难；在他人想要动摇我们的立场，让我们无法坚守自己的原则时，我们要拿出刚正的态度，敢于坚持自己认为正确的事情，不做人云亦云、随波逐流之人。

从"柔"的角度来看，适当地示弱可以帮助我们更好地规避不必要的矛盾和冲突，甚至能够达到以弱胜强的效果；"怀柔"也是一种特殊的处世手段，它可以减少他人的不满，有利于与他人和谐相处；在与人相处时，可以适当地柔和一些，这样更容易拉近彼此之间的距离。

总之，我们做人做事，不可一味懦弱，也不可一味刚强，唯有刚柔相济，才能确保自己始终立于不败之地。

42. 刚自柔出，柔能克刚

老子在《道德经》中说道："天下之至柔，驰骋天下之至坚。"意思是说，天下最柔软的东西，能够驾驭和征服天下最坚硬的东西。西晋政治家、文学家刘琨则留下了"何意百炼刚，化为绕指柔"的名句，是说经过千锤百炼、刚硬无比的钢铁，也可以变为能够缠绕在手指上的柔软之物。

由此可见，"刚"或"柔"并不总是处在对立面上。在一定条件下，"刚"和"柔"是可以相互转化的，有时甚至会出现"柔能克刚"的情况。

宋太祖赵匡胤是武将出身，性格活泼好动。某天，宋太祖处理完公务后，突然来了兴致，做了个弹弓，在皇宫的后花园里打鸟。这件事恰好被大臣张霭知道了。

张霭让宦官传话，说有急事奏报。宦官不敢怠慢，立刻向宋太祖报告。宋太祖只得先放下弹弓，召见张霭，谁知张霭奏报的都是一些日常的事情。

宋太祖非常生气，怒斥道："你不是说有急事奏报吗？怎么都是些稀松平常的小事？"张霭回答说："这些事情再小，也比用弹弓打鸟重要得多。"宋太祖勃然大怒，顺手抽出卫士腰间的斧头，用斧柄将张霭打倒在地。张霭被打得满嘴是血，门牙也掉落了两颗。

张霭起身后，没有向宋太祖告罪，而是自顾自地弯腰寻找那两颗掉落的牙齿。宋太祖看见后，更加愤怒了，大喝道："你找那两颗牙齿，是想留着以后找我算账吗？"张霭淡然地说："我哪敢和您争论是非曲直呢？反正这种事，史官都会记下来的。"宋太祖听后吓了一跳，连忙改变态度，不但郑重地对张霭道歉，还好言安慰他，并给了他不少赏赐。

　　与宋太祖相比，张霭是绝对的弱者，完全无法与之抗衡，所以他没有与宋太祖硬碰硬，而是巧妙地旁敲侧击，让宋太祖自己意识到错误。

　　一句"史官都会记下来的"，隐含了张霭对宋太祖行为的批评，但方式却十分柔和，不但不会让宋太祖觉得没面子，还能提醒他考虑自己的形象和历史地位，从而主动道歉。这种以柔克刚的做法值得我们深思。

　　那么，我们在现实生活中如何做到以柔克刚呢？这需要我们按照当时的具体情境，考虑是不是应当采用柔性的处理办法。例如，我们在与对方交流时，提到了对方很不喜欢的话题，对方可能会有被冒犯的感觉，甚至会被激怒，态度也会变得非常粗暴，导致交流无法继续进行。此时我们就应当改用"柔性"的沟通方式——先倾听对方的观点，给对方一个发泄情绪的机会，同时努力理解对方的立场和需求，并要按捺住想要反驳的冲动，待对方的情绪恢复平和后，我们可以使用非攻击性的语言来表达自己的想法和感受，切记不要指责和批评对方，而是以"我觉得"这样的开头来柔化语言。这样在很大程度上能消解对方的怒气，让对方更容易接受我们的意见。

　　由此可见，在很多时候，"柔"比"刚"更有力，"弱"比"强"更占优。所以我们要学会收敛起自己的锋芒，试着给人以温柔，或许会获得意想不到的惊喜。

43. 强者示弱，弱者逞强

在生活中我们经常遇到这样的情况：越是弱者，就越喜欢在人前逞强，以显示自己仅有的优势；相反，那些有能力的强者，却会低调处事，从来不炫耀自己的能力。

正所谓，强者示弱，弱者逞强。其实，弱者逞强只是虚张声势，而强者却会通过适时示弱，达成自己最终的目的。

"负荆请罪"的故事相信大家一定听过。蔺相如受赵王派遣，带着和氏璧出使秦国。虽然秦王霸道贪婪，想要强夺和氏璧，但蔺相如凭着智慧与勇气，最终完璧归赵，得到了赵王的褒奖。

后来，蔺相如屡次建功，被赵王封为上卿。这样一来，蔺相如的官位就比赵国大将廉颇还高了。廉颇非常不服气，他说："我成为赵国的大将，凭借的是征战沙场的大功劳，而蔺相如只会巧言令色，职位却比我还高。况且蔺相如出身卑贱，让我居于其下，是对我的侮辱！如果让我碰见蔺相如，我一定会好好地羞辱他一顿。"

蔺相如听到这些话后，没有去找廉颇理论，反而刻意避免与廉颇见面。为此，蔺相如推说自己生病，不去上朝。平时外出的时候，只要远远望见廉颇的车马，蔺相如就会让下人绕道躲开。廉颇以为蔺相如害怕自己，不禁十分得意。

蔺相如的门客对此很不服气，问蔺相如为什么要这么"委屈"自己，蔺相如却反问："你们觉得廉将军和秦王比，谁更可怕？"门客回答："当然是秦王了！"蔺相如哈哈大笑道："秦王那么可怕，我都敢在秦国的朝堂上当面斥责他，我难道还会怕廉将军吗？只不过考虑到国家的安危，我才愿意把个人的恩怨放到一边。"

廉颇听说这些话后，惭愧不已。他当即脱去上衣，背上荆条，到蔺相如府上谢罪。蔺相如也原谅了他，二人还成了至交好友，在朝堂上通力合作，在生活中也相处得十分融洽。

廉颇得知蔺相如的职位高于自己，便产生了强烈的嫉妒心，甚至扬言要羞辱蔺相如。这种行为在某种程度上体现了"弱者逞强"的心态，是因内心不平衡而出现的过激反应。

对于廉颇的挑衅，蔺相如选择了退让和回避等柔性处理方式，从表面上看，他是在示弱，实则是从大局出发，为了国家利益做出了明智的选择，从中不难看出他有睿智的思维、宽广的胸怀和高远的境界。

蔺相如的"示弱"也向我们证明了这样的事实：真正的强者不在于表面的强势，而在于内心的宽广与包容。在现代社会，不管是在生活还是在工作中，我们都应当学习蔺相如的做法，在有争端时适时示弱，以减少不必要的冲突，促进彼此之间和谐共处。

另外，我们还要学习蔺相如的大局观，遇事多从整体利益、长远利益的角度考虑问题，这样就能暂时放下个人恩怨，也不会过于计较个人荣辱得失，有助于做出正确的选择。

此外，我们还要注意用沟通去消除人与人之间的误会和隔阂。当他人对我们产生误解后，我们可以找机会与其进行深入、坦诚的沟通，以消除误解，化干戈为玉帛。

需要指出的是，示弱不是怕事，也不是逃避。如果我们的示弱没能得到对方应有的回应，甚至对方的态度变得更加蛮横无理，此时就不宜再使用"示弱"的策略，而是要申明立场，用刚正不阿的态度打消对方的嚣张气焰。

44. 晓之以理，动之以情

"晓之以理，动之以情"是一种将理性与感性相结合的有效说服他人的方法。单纯的理性分析可能会让人感到过于"刚硬"或抽象，而单纯的情感表达又会有过于"柔软"之感，难以让人信服。只有将理性分析和情感表达有机结合，才能达到刚柔相济的效果，才可以更全面、更有效地影响他人。

《战国策》中记录了这样一个故事。赵太后刚刚主持朝政，秦国就开始进攻赵国。赵太后不得不向齐国求救。齐国却提出了过分的要求——让赵太后的儿子长安君来齐国做人质。赵太后爱子心切，拒绝了齐国的要求，还对侍者说："谁敢再说让长安君去做人质，我就朝他脸上吐唾沫！"

左师触龙前去拜见太后，却没有直说长安君的事，而是先问太后的身体情况，表达了对太后的关心，也让太后的心情有所缓和。接下来，触龙说打算为自己的小儿子谋一桩差事。太后有所感触，问道："你们大丈夫也疼爱小儿子吗？"触龙说："当然了，我们对孩子的爱比做母亲的还要多。"一句话逗笑了太后，也让谈话氛围变得更加轻松。

触龙这才转到了自己真正想说的话题上，对太后说道："父母疼爱子女，就得为他们考虑得长远些。您如此疼爱长安君，赐给他肥沃的土地、数不清的珍宝，可您却没想着让他为国立功，这不是害了他吗？若日后您不在，长安君有什么资本在赵国立足呢？"

太后被触龙说服了，愿意让他来安排这件事。触龙替长安君好好打点了一番，这才把他送到齐国，齐国也向赵国派出了救兵。

在这个故事中，触龙就运用了"晓之以理，动之以情"的策略，面对盛怒中的赵太后，触龙没有一味地劝谏她"以大局为重"，而是先从感性的角度出发，拉近与太后的心理距离，进而安抚好她的情绪，做好了恳谈的准备。接下来，他从理性的角度出发，将自己为儿女谋求生计联系到太后疼爱儿子长安君，又引出父母应当为孩子做长远的考虑，使太后认识到问题，明白自己一味溺爱儿子，只会给儿子招来祸患。于是，触龙成功达到了自己的目的——说服太后同意让儿子做人质。

触龙采用的"晓之以理，动之以情"的策略在现代社会依然具有现实意义。晓之以理，指的是用理性的、富有逻辑的语言来说明和解释观点，让人明白为什么某件事情或某种观点是正确的或值得支持的。动之以情，指的是用情感或有触动性的话语来打动人心，引发共鸣。通过富有情感的表达，人们更能接受并支持我们所提出的观点。

在具体应用时，我们要注意，"晓之以理"强调的是"说理"，要把道理说透，才能达到教诲育人的目的。所以我们在表达观点时，要注意保持逻辑清晰、条理分明，并可以举一些真实的例子，或使用可靠的数据来支持自己的观点。不过，我们的论述一定不能过于冗长和复杂，否则会让对方失去听下去的兴趣。

而在"动之以情"环节，我们可以通过"共情"打开对方的内心世界，实现心灵的交流。这种"共情"是尝试从对方的角度思考问题，感受对方真实的情绪，并可以用"我非常理解你的感受"之类的话语来表达真挚的关怀，从而和对方建立起情感连接，说服工作也能进行得更加顺利。

45. 恩威并用，严慈兼施

恩威并用，严慈兼施是一种常用的刚柔相济的技巧。恩威并用，指的是在管理下属或教育他人时，同时实施安抚和惩罚的措施；严慈兼施指的是既要严格要求，又要心怀慈爱，能够给予对方适当的关怀和帮助。

这样做的好处在于既能够达到管理和教育的目的，又不会伤害对方，还能有效激发对方的内在动力。

唐太宗在管理大臣时，就常有恩威并用，严慈兼施的做法。名将李靖一举歼灭了唐朝的劲敌东突厥，为大唐立下了汗马功劳。可等他班师回朝后，唐太宗却把他狠狠地训斥了一顿。原来，唐太宗收到了消息，说李靖在出征后没能约束好自己的士兵，出现了抢劫行为，就连从东突厥缴获的珍宝也有不少流失在了乱军中。唐太宗对此很是不满，所以一见到李靖，先不提战功，而是指责他放任手下的士兵胡作非为。李靖不敢申辩，只能叩首谢罪，等待接受处罚。

但让李靖意外的是，唐太宗在斥责一番后，并没有惩罚他。没过多久，李靖接到命令进宫面圣，他以为这次皇上是真的要惩罚自己了。可唐太宗和颜悦色地说，士兵抢东西虽然是错误的，但李靖并未参与，所以不会受到处罚。而且李靖确实立下了大功，理应得到嘉奖。于是，唐太宗赐给李靖食邑五百户，绢千匹，还提升了他的官职。这样的结果让李靖感动不已，从此对李世民更加忠心耿耿了。

李靖虽然立下大功，但治军不严，具有一定的过错，唐太宗采用了"威严"的手段，对他进行了严厉的训斥，这能让李靖意识到问题的严重

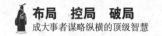

性，以后会自觉维护军队秩序，防止类似事件再次发生。

当然，唐太宗并不是冷酷无情的，他也能够考虑李靖的处境，在查明事实后不但宽恕了李靖，还给予他赏赐，让李靖感受到了他的恩德和慈爱，增强了忠诚度和归属感。

在现实生活中，我们不妨参考唐太宗"恩威并用"的做法，以达到管理和教育他人的目的。不过，我们需要注意一些细节，才能得到理想的效果。

首先，"恩威并用"需要适度。如果做得不到位，就没有效果；如果做过头了，又会出现过犹不及的问题。如果"施恩"过多，对方会有理所当然的感觉；"立威"过多，又会有苛刻之感，对方的态度会从害怕变为不满。所以我们一定要把握好尺度，不可滥用。

其次，"恩威并用"还讲究顺序。"恩者小至大，威者严渐宽。"这提醒我们，在给予他人恩惠的时候，要由小到大，要是弄错了顺序，"小恩"就难以触动对方，也就达不到理想的效果了；同样，立威也应该从严到宽，否则，对方会对我们的怒火记忆深刻，难免埋下不满的种子。

此外，我们也需要掌握"严慈兼施"的技巧。"严"应该有度，否则严格过了头，对方感受不到我们对他的认可，很容易怀恨在心。"严"也应该有则，也就是说，我们要制定清晰、透明的规章制度和标准，让所有人都了解什么是可以接受的行为，什么是不被允许的行为，并确保规则公平、一致地适用于所有人，没有例外的情况。上级更应该以身作则，成为下属和团队成员的榜样。

在严格执行纪律的同时，我们不要忽略了"慈"的一面，要关注每个人的实际情况和困难；对于犯错的人，除了对其进行适度的惩罚外，还要帮他们认识错误、改正错误，并提供必要的指导和帮助。这就需要我们建立畅通的沟通渠道，及时了解下属或团队成员的想法和需求，这样才能真正做到严慈兼施。

46. 赏罚分明，处事公正

在恩威并用、严慈兼施的同时，我们还应当做到赏罚分明、处事公正。

《论语》中有这样一句话："不患寡而患不均，不患贫而患不安"，这其实能够代表大多数普通人的心态。举个例子，如果在一个部门中，领导处事不公、赏罚不明，那这个部门的工作氛围就会很差。只有该奖的时候奖，该罚的时候罚，做对了及时表扬，做错了马上批评，上级才能赢得下属发自内心的尊重。

在赏罚分明方面，宋太祖赵匡胤为我们做了很好的示范。在陈桥兵变后，赵匡胤被拥立为帝。在这样一个政权更迭的关键时刻，赵匡胤的一举一动都备受关注。

就在这个时候，赵匡胤做了一件让大家感到意外的事情：他召见了一位陈桥守将，给予他丰厚的奖赏，又将一名封丘守将斩首示众。原来，在陈桥兵变前夕，赵匡胤率军行至陈桥驿，那位守门将领坚守岗位，拒绝放他们进城。赵匡胤只好率大军前往封丘门，结果封丘守将丝毫不加阻拦，早早打开城门，放大军入了城。

在赵匡胤看来，陈桥守将十分忠诚，哪怕面临大军的威胁，也要依照军令行事，所以赵匡胤对他非常欣赏。可那位封丘守将就不一样了，他看似顺应了时势，实则却忘记了自己应当遵守的职责，也缺少对国家的忠诚。如果把这样的人留在重要的岗位上，以后万一遇到威胁，他还是会选择背叛，所以赵匡胤毫不犹豫地将他处决了。

在这个例子中，赵匡胤其实是在向众人表态：忠于职守的人理应得到赏赐，玩忽职守、对国家不忠诚的人必然没有好下场。与此同时，他也向世人展示了自己赏罚分明、处事公正的作风，赢得了人民的支持和拥护。其他官员也意识到，只要做好本职工作并保持忠诚，就一定会得到应有的礼遇，这对于维持宋初的政治稳定和社会秩序起到了至关重要的作用。

在现代社会，不管是团队管理、政府治理还是个人行为，都应当注重赏罚分明、公正无私。

比如在团队中，不公平公正的处理可能导致人心涣散。所以管理者一定要营造公平公正的环境——赏罚只看能力和绩效，不讲关系和亲疏，必要时甚至可以采用"能者上，庸者下"的末位淘汰制，这样下属才会觉得跟随管理者是有希望的，做事也会更加用心。

需要说明的是，赏罚分明的"赏"既包括精神上的激励，又包括物质上的奖励，二者同样重要。比如对优秀的下属多表扬、多鼓励，多向上级领导推荐，这样的精神奖励可以让他们获得心理满足。再如，物质奖励不仅仅是涨工资、发奖金，也可以是平时的团建互动，这样既能放松心情，又能加强同事之间的交流。

至于赏罚分明的"罚"，则要注意必须基于事实做出决定，而且要根据相关规定及时进行处罚，避免拖延，这样才能更有效地纠正错误行为。此外，"罚"应注意避免"秋后算账"或"算总账"的做法，以免引发不必要的矛盾和冲突。

第八章 | 韬光养晦，保存实力

47. 收敛锋芒，藏好棱角

"锋芒"的本义是指刀剑最尖锐的部分，现在多指一个人的才华和能力。而"棱角"本义是指物体的尖角，也可以用来比喻一个人鲜明的性格特征。

收敛锋芒，藏好棱角是一种高明的为人处世之道。《道德经》里有这样一段话："知者不言，言者不知。塞其兑，闭其门，挫其锐，解其纷，和其光，同其尘，是谓玄同。"意思是说，一个有大智慧的人，虽然知道的很多，但从不多说。在人群之中，他们懂得约束自己的欲望，收敛自己的锋芒，与世俗混同，不突出自己。相反，那些思想不成熟、不深刻的人却总是锋芒毕露，结果给自己带来了严重的后果。

《三国演义》里，曹操手下的谋士杨修是一位很有才华的人，但他个性张扬，恃才傲物，锋芒毕露，常常出言不逊，不知收敛。作为谋士，他经常能够猜透曹操的心思，并料想到曹操的下一步举动。没想到此举犯了曹操的大忌，被曹操记恨在心。

有一次，曹操出兵进攻刘备，不料陷入了进退两难的境地：前有蜀中大将马超据守，久攻不下；想要退兵，又怕被蜀军取笑。正当曹操犹豫不决时，一名厨子端来一碗鸡汤，里面有几块鸡肋。大将夏侯惇恰好走了进来，问曹操夜间口令是什么。曹操随口说了几声："鸡肋！鸡肋！"夏侯惇虽然摸不着头脑，但还是传令下去，让士兵都喊"鸡肋"。

杨修听见"鸡肋"二字，就开始收拾行装，做好了撤退的准备。夏侯惇觉得很奇怪，询问杨修原因。杨修解释起来："'鸡肋'，有食之无味、弃之可惜的意思。正好对应现在的情况——进攻难以取胜，退兵又怕被蜀军取笑，据我估计，退兵是肯定的事情。"

其他将领和士兵们看到后，也纷纷效仿，收拾行装准备回去。曹操知道后大怒道："杨修怎敢随意造谣，乱我军心！"于是下令处死杨修。

杨修虽然聪明过人，却不懂得收敛锋芒，藏好棱角。从表面上看，他显露了自己的才华，可事实上，他的行为已经引起了曹操的戒备和嫉恨。特别是曹操本就性格多疑，更会对杨修产生强烈的反感。再加上杨修在"鸡肋事件"中卖弄小聪明，犯了泄露机密、扰乱军心的大忌，必然会遭到曹操的严惩。

我们应当从杨修身上吸取教训，在现实生活中，过于强烈或激进的表达总是容易引起他人的反感，甚至会引发冲突。当一个人总是高谈阔论、滔滔不绝地表达自己的看法时，这种行为本身就带有一种优越感。一个成熟的、具有高情商的人是不会犯这种错误的，因为他们深知，过于高调会招致诽谤和打压，收敛自己的锋芒，藏好自己的棱角，反而更有利于生存和发展。而在商业或外交场合，我们同样需要注意收敛锋芒，藏好棱角。如果我们表现出过度强硬的态度，可能会导致谈判失败或合作中断，适当地收敛锋芒有助于实现长远目标。

当然，收敛锋芒不等于没有锋芒，它更像是一种自我保护措施，是为了追求和谐、避免冲突而做出的主动调整。这种调整不需要我们放弃自己的才华和独特的见解，而是要用一种更加温和、谦逊的方式来展现自己的个人魅力。

同样，藏好棱角，也不是让我们磨平棱角，变得圆滑世故，毫无原则。我们每个人的性格中其实都有一定的棱角，也是专属于自己的个性特征。我们并不需要完全放弃它们，而是要在保持自己独特性的前提下，以一种更加成熟、理性的方式处理人际关系。这样既能展现自己的才华和个性，又能赢得他人的尊重和信任，何乐而不为呢？

48. 深藏城府，不露心迹

深藏城府指的是一个人心思缜密，善于隐藏自己的情感和意图。而不露心迹更是强调了这种深沉性格的特点，即不轻易在外人面前展露自己的内心世界，让人难以探知自己的喜怒哀乐和真实想法。

有些人看似平凡无奇，实则深藏城府，不露心迹。他们通常懂得趋利避害，能巧妙地躲过明枪暗箭，因而能够在复杂的人际关系中游刃有余，也善于处理各种棘手的问题。

明代名臣杨士奇在波谲云诡的政治旋涡中，稳居要位几十年。他看似温润谦和，实则心思缜密，善于以"深藏城府，不露心迹"的智慧化解危机。

永乐年间，太子朱高炽与汉王朱高煦的储位之争日渐激烈。成祖朱棣性格多疑，屡次因汉王谗言试探东宫属臣，杨士奇作为太子心腹，自然逃不过成祖的质问。永乐九年（1411年），成祖问太子监国是否懈怠，杨士奇淡定对答："太子有爱人之心，肯定不会辜负陛下的重托。"这句话没有提到汉王的诬陷，也没有直接为太子辩解，却用"仁爱"之意暗示儒家治国之本，消除了成祖的猜忌。

永乐十二年（1414年），成祖北伐返京，太子迎驾迟缓。成祖问罪时，杨士奇说了这样一句话："太子仍和过去一样孝敬陛下，迟迎是臣等的罪过。"他将过失归于己身，既保了太子的孝名，又轻描淡写地化解了皇帝的怒火，不禁让人佩服。

永乐十四年（1416年），成祖得知汉王有夺嫡的企图，就招来杨士奇等人质询。杨士奇从容回答："陛下两次派汉王就藩，他都不肯赴任。现在陛下准备迁都，汉王却想留守南京，我也不敢多说什么，请陛下细察他的用意吧。"杨士奇没有直接指出汉王的罪过，却提到了一个不合礼制的细节——"汉王拒藩，请留南京"，再把判断权交还给成祖，可谓巧妙至极。而成祖听后沉默不语，没过多久就削去了汉王的两个护卫营，可见杨士奇看似无心的话语确实产生了深刻的影响。

杨士奇的"深藏城府"，并非虚伪隐瞒，而是在复杂的局势中以低调为盾，守护原则与理想；他的"不露心迹"，也是深思熟虑后的克制——不轻易暴露立场，却在关键时刻以制度、礼法为刃，直击问题核心。他始终以"辅君安民"为初心，将权谋化为务实的手段，既保全了自身，又推动了国祚昌明，为我们展示了"藏锋守拙而不失其志"的君子之道。

有的人可能会把"城府深"当成贬义词，但我们应当看到它有正面的意义，比如，"深藏城府"恰恰说明一个人能够深思熟虑、精心策划，能够应对复杂的局面，这正是我们应当学习和培养的能力。

深藏城府的关键在于"藏"。在自身实力还很弱小的时候，我们要学会适当隐藏自己的观点、隐藏自己的情绪、隐藏自己的做法，让外人猜不出我们的内心，从而无法"出招"。另外，我们还要学会不轻易向别人吐露心迹，才不会给人留下过于浅薄的印象。在隐藏自己的同时，我们还要善于倾听他人的想法和意见，并要察言观色。这样我们可以了解他人的需求和动机，从而更好地应对各种情况。

当然，深藏城府，并不意味着要一直"藏"下去。在关键时刻，我们一定要明确自己的立场，表明自己的态度，并要积极地想出解决问题的方案。比如在一些重要和紧急的事件发生时，别人都还一筹莫展，我们却能快速解决当前面临的问题，那无论是同事还是领导，都会对我们刮目相看。这种机会是很难得的，我们一定要把握住。

49. 厚积薄发，行稳致远

"博观而约取，厚积而薄发"是宋代著名文学家苏轼在《稼说送张琥》中写的一句话，意思是：只有广泛观察、博览全书、广开视野，才能进行有选择的吸收和提炼；只有坚持不懈地努力和积累，才能慢慢地展现出强大的实力。人们还根据这句话总结出了成语"厚积薄发"。

厚积薄发，行稳致远的道理适用于我们每一个人：只有长时间地积累、沉淀，踏踏实实地下功夫，才能在机会来临时抓住机遇，实现人生的价值。

《西游记》的作者吴承恩自幼聪敏过人，小时候他很喜欢看神仙鬼怪之类的小说，这为他后来从事文学创作打下了坚实的基础。

吴承恩虽然才华出众，却在科举之路上遭遇了不少挫折，到了中年才补为岁贡生。后来他四处游历，靠着卖文勉强贴补家用，其间搜集了不少奇闻，也产生了创作小说的想法。

又过了几年，吴承恩在朋友的帮助下出任浙江长兴的县丞。在职期间，他在深入了解民情的同时，还尽情领略当地的山山水水，也为自己写作积累了很多新的素材。

然而，吴承恩的官场生涯并不长久。由于他看不惯官场的黑暗，又遭到他人的诬告，于是愤而辞官。此后，他又到湖北蕲州的荆王府做了两年属官，最终回到故乡淮安。

吴承恩正式创作《西游记》时，年岁已经很大了，但无论是身体情况，还是生活的贫困，都没有打消他的创作热情。他在艰难的条件下充分发挥才华，始终坚持创作，最终完成了这部传世名著。

　　吴承恩有出色的天赋，但他没有忽略对知识的积累，重视博览群书，提升自己的底蕴；日后他在仕途上的坎坷经历，也丰富了他的人生体验。这些积累和体验，最终都在他的杰作《西游记》中得到体现。

　　从吴承恩身上，我们能够感受到厚积薄发的精神。厚积薄发，需要有长期坚持的决心和毅力。不管我们想要取得怎样的成绩，都需要先进行大量的准备和积累。这种积累包括知识、经验、技能、资源等多个方面。

　　作家马尔科姆·格拉德威尔做过广泛的调查研究，他发现，想要成功掌握一门技能，就要刻意地进行重复性练习。于是，他在《异类》中写道，那些被人们视为"佼佼者"的人，并没有超人一等的天资，而是付出了持续不断的努力，才实现了自我的飞跃。

　　具体而言，如果一个普通人想要成为某个领域的专家，需要付出至少一万小时的练习。这相当于每天练习八小时，一周练习五天，且至少要坚持五年的时间，其间不能出现中断。这就是著名的"一万小时定律"，它告诉我们，没有人能够轻易成功，但成功绝非不可能做到的事情，只要我们能坚持、有毅力、有耐心，愿意一次又一次地重复某个动作，就能逐渐获得一门技能，并有希望将技能提高到极高的水准。

　　当然，我们也不能忘记，"厚积"的同时还要做到"薄发"，也就是在经过充分积累后，还要寻找适合的时机，适当展现自己的能力，这样之前的积累才有实际意义。而在整个积累的过程中，我们需要有足够的耐心和毅力，不急于求成，要在沉淀中不断提升自己，最终才能迎来辉煌的时刻。

　　总有人幻想一鸣惊人，一旦短期内达不到目标，就会陷入焦虑，怀疑一切。事实上，任何大的改变都是一个日积月累的过程。很多成功人士都是在经历了一次又一次的挫折之后，才最终闯出了自己的一片天地。所以我们应当沉下心来，默默做好"厚积"的工作，并且不断吸取经验和教训，等待"薄发"那一天的到来。

50. 百忍成金，忍辱负重

"百忍成金"这个成语，说的是一个人需要通过多次的忍耐和坚持，才能取得宝贵的成果。"忍辱负重"也强调了忍耐和坚持的重要作用，在遭受屈辱或背负重担时，要有足够的勇气和毅力坚持下去，等待转机的到来。

前494年，越国与吴国爆发了战争，越国大败。越王勾践被迫带着夫人和臣子向吴王夫差投降。

夫差把勾践带回吴国，把他当成奴隶看待，对他百般羞辱。但勾践始终铭记自己的使命，表面上从未表露出丝毫不快。一开始，夫差对勾践还存有疑心，但时间长了，便对勾践放松了警惕。

勾践在吴国苦苦熬了三年后，终于得到了夫差的赦免，被放回越国。为了不忘记之前的痛苦和屈辱，勾践把苦胆挂在座位上，吃饭前先要尝尝那浓厚的苦味，平时还在柴草上睡觉，避免让自己过得过于安逸。与此同时，他秘密操练士兵，任用贤臣，提升国力，让越国逐渐强大。

前482年，勾践趁着吴王夫差北上与诸侯会盟的机会，率领大军进攻吴国，成功击败吴国，事后夫差不得不派人来送礼讲和。勾践考虑到自身实力还不算强大，就同意了讲和。几年后，越国再次攻打吴国，也取得大胜。前473年，越军攻入吴都，夫差选择了自杀。勾践多年的复仇计划终于成功实现了。

勾践能够忍辱负重，为夫差当牛做马，以换取夫差的信任，这是常人难以做到的。回国后，他励精图治，时刻不忘当初的耻辱，卧薪尝胆，最终灭掉了吴国。他的经历让我们看到了"百忍成金，忍辱负重"的可贵之处。在面对困难和挫折时，我们应该像勾践一样坚持和忍耐，用坚韧不拔的毅力去战胜一切困难。

"百忍成金，忍辱负重"的核心是"忍"，这不仅包括对外部压力的忍受，还包括对自身情绪、欲望和冲动的控制。当我们真正学会"忍"，能够合理控制自己的情绪时，就不会轻易被外界的一切所干扰，也就会有更多的精力聚焦在自己要做的事情上。

"忍"还要求我们不要过于计较。在生活中，我们要懂得适当地谦让和容忍，"忍一时风平浪静，退一步海阔天空"，在一些鸡毛蒜皮的小事情上，我们要忍住自己的好胜心，切不可斤斤计较，更不可为此大打出手，"小不忍则乱大谋"。我们应当时刻提醒自己，欲成大器者，应当忍别人所不能忍，才能为别人所不能为。

"忍"还要求我们在遇到难题的时候，要学会冷静思考，特别是要思考这件事究竟值不值得我们花时间和精力去做，如果不值得，就要适当地忍住冲动。

百忍方能成金，这是我们在生命中必须修炼的功课。借助"忍"的力量，我们能从过去的痛苦中走出来，从而突破自我，走向更好的人生。

51. 不鸣则已，一鸣惊人

不鸣则已，一鸣惊人，讲的是平日看似平平无奇的人，突然间做出了了不起的成绩。在这句话背后，藏着深刻的哲理，提醒我们做事不能急于求成，也不要害怕自己会默默无闻，而是要有耐心，做好准备，等到机会来临，就可以展现自己真正的实力。

《史记》中记载了这样一个故事：齐威王即位后，一直沉迷于享乐，不理朝政。一天，一个叫淳于髡的大臣实在看不下去了，他来拜见齐威王，对他说："大王，臣遇到了一个难题——我们齐国出现了一只模样奇怪的大鸟，它在王宫的庭院里已经待了整整三年，可它既不飞翔，又不鸣叫，大王您知道这是怎么回事吗？"

齐威王一听就知道淳于髡是在讽刺自己，身为一国之君却只知享乐，毫无作为。但他并未生气，反而笑着对淳于髡说："我告诉你吧，这只大鸟是很了不起的。它不飞则已，一飞就会冲到高高的天上去；不鸣则已，一鸣就会惊动所有人！"

从那以后，齐威王果然振作了起来，不再贪图享乐，而是开始整顿国家。官员们在他的带动下，也变得更加勤勉。君臣上下一心、团结合作，让齐国逐渐变得强大起来。

当淳于髡巧妙劝谏时，齐威王终于认识到，三年来的无所作为是他作为国君的失职。齐威王不再放任问题发酵，而是立刻付诸行动：整顿吏治、明辨忠奸、推行改革……这种主动革新的精神，让齐国在拨乱反正中重焕新生。

从这个故事中，我们领悟到：真正的成功始于对自身问题的清醒认知。齐威王的"一鸣惊人"，本质上是意识到沉疴后的果断改变——他没有空谈等待机会，而是在发现问题时立刻调整航向。这一点是值得我们学习的，而在寻求改变的过程中，我们要做好这样几件事情。

首先，我们要在自己的领域或兴趣点上深耕细作，以不断积累知识和技能，这样才能在默默无闻中逐渐积累起强大的内在力量。之后我们还可以通过实践来检验自己的能力是否过硬、掌握的方法是否有效，如果效果不佳，就需要及时调整或改进。

其次，我们要保持谦逊和低调，不要急于张扬自己的实力，更不能到处炫耀自己已经取得的成果。我们要学会低调行事，这样能够避免很多不必要的关注和纷争。

最后，我们要对自己有清晰的定位和认识，这样就不会在乎一时的成败，也不会受困于他人的眼光。毕竟，是否成功不是由他人判断的，我们也不必因为一时的得失就轻易否定自己的一切。

只要我们认准方向，稳定心态，对自己抱有信心，那么这一次的失败或许就是下一次成功的开始。按照这样的方法坚持下去，迟早有一天，我们能够走出默默无闻的状态，实现个人理想，达到一鸣惊人的效果。

第九章 | 懂得后退，避开阻力

52. 知行知止，知止而行

知行知止，知止而行，从字面意思来看，就是要我们既懂得"行"，又懂得"止"。其中尤为重要的是"知止"，也就是要知道何时应该停止。

世上有很多人只知行，不知止，难免误入歧途。但要是只知止，不知行，又会让人生之路停滞不前。所以，该行的时候应当一往无前，该止的时候就要及时停止，这是一种难得的人生智慧。

曾国藩初入官场时，以为工作就像读书，只要一味埋头苦干就会有理想的成绩。所以他总是表现得很激进，对于看不惯的事，就会据理力争，有时甚至会争得面红耳赤，绝不后退。然而，他在不知不觉中得罪了同僚和下属，导致他们都不愿意配合他的工作。结果即使他干劲十足，在重重阻力下，也无法施展自己的才能。

后来，曾国藩回乡守孝。在那段时间里，他冷静了下来，对之前的经验教训进行了全面的总结，还反思自己过去为人处世的方法，悟出了不少道理。

日后他将这些道理加以应用，发现很多看似复杂的事情都变得简单起来。比如他试着从同僚的角度思考问题，就能够体谅人家的难处，不再与人针锋相对，而是做好了适时后退的准备。他还学会不再动不动就直言犯上，这也给他带来更多施展才华的空间。他还知道应当对下属"让利"，通过保举下属，赢得了他们的衷心支持。

曾国藩有了这样巨大的"蜕变"，让人们都对他刮目相看，很多人都说他知行止，懂进退，比过去更容易相处。曾国藩也感觉到身边的阻力明显变小了，他也可以大展拳脚，做一番大事业了。

曾国藩在仕途上遇到了重大挫折，正是这次挫折促使他进行了深刻的反思。在反思中，他认识到了自己身上的一大缺陷，那就是"不知行止"，而这不但让他在官场上遭到了排挤，还影响到政治生涯。好在他终于学会了"知止"，在与人相处时，知道适时退让，让自己更显谦逊、随和，从而赢得了皇帝的信任、同僚的尊重和下属的爱戴。他也知道在行动前应当先审视自己的不足，避免重蹈覆辙，这些改变为他日后的成功奠定了坚实的基础。

宋代大儒邵雍曾经写道："知行知止唯贤者，能屈能伸是丈夫。"曾国藩就是这样的贤者和大丈夫，他"知止"的智慧值得我们用心学习。

在生命的长河中，一个人如果能够做到适可而止，就更容易找到自己的位置，实现自我价值，从而获得自由自在的人生。

"知止"的含义之一，是要把握好能力、欲望的尺度，既知道自己的能力是有边界的，又能控制欲望的限度，能够做到适可而止，避免出现过犹不及的后果。另外，"知止"的含义还包括及时止损，当自己不能承受某些风险的时候，"知止"，就是要能够止损，一旦触及底线，立即停止。此外，"知止"还包括"止赢"，在高歌猛进之时，我们要提高警惕，避免因不恰当的行为而陷入困境。

当然，"知止"不等于畏缩和胆怯，恰好相反，适时地中止、放弃、退让，不仅需要胆识，还需要有一定的远见。

有胆识，意味着在关键时刻能够做出不同于常人的选择，这种选择可能伴随着风险和挑战。我们只有拥有足够的胆识，才敢于面对不确定的结果。有远见，则意味着能够超越眼前的利益得失，看到更长远的发展趋势，这样才能避免短视行为带来的不良后果。

总之，"行"有时意味着成功，但也可能是穷途末路；"止"有时意味着失败，但也可能是柳暗花明。当我们既有前行的能力，也有中止的能力，能自由做出选择时，就能走出人生的广阔天地。

53. 弓不拉满，势不使尽

弓不拉满，势不使尽。这句古训告诉我们，凡事都要留有一定的余地，不能过度用力或过于激进。

就像射手在射箭的时候，如果把弓拉得过满，超越了弓弦所能承受的力度，不但容易造成弓弦断裂，还会导致箭支失去准头，所以有经验的射手都会掌握适当的力度，避免因过度用力造成损失。

至于"势不使尽"中的"势"，可以指时势、形势或力量等。社会的运行规则就是物极必反，盛极必衰，任何事物发展到了极点，都会开始走下坡路，所以不要把"势"用尽，而是要预留一定的空间，以便在关键时刻能够灵活应对。

战国时，孟尝君是著名的"战国四公子"之一，而冯谖是他门下一个不受重视的食客。有一次，孟尝君派冯谖去封地薛邑收债。临走前，冯谖问孟尝君需要买什么东西带回来，孟尝君随口说了句"看我家缺什么就带什么吧"。

冯谖到了薛邑后，把欠债的老百姓召集在一起，核对过借条后，就把那些借条都烧掉了，老百姓十分惊喜，纷纷高呼"万岁"。

做完这件事后，冯谖立刻返回，找孟尝君汇报此事。孟尝君还觉得奇怪，为什么冯谖能这么快收完那么多债，冯谖却说："我仔细考虑过了，您府上不缺珍宝、骏马、猎狗和美女，所缺的只有'义'这种东西。所以我自作主张，为您买来了'义'。"

孟尝君听不懂他的意思，冯谖解释道："我发现薛邑的百姓十分穷困，无力还债，我就把借条都烧掉了，老百姓很开心，这就是我买'义'的方式。"孟尝君对冯谖的做法并不满意，但他也没有多说什么。

没想到一年后，孟尝君被齐湣王赶回了薛邑，心情正难受时，却看到薛邑的老百姓扶老携幼，等在路边迎接自己。孟尝君感动不已，这才知道冯谖给他买回的"义"是多么贵重的礼物。

冯谖到达薛邑后，没有急于催债，因为他深知强行收债只会引起老百姓的反抗，届时不但达不到目的，还会让民间对孟尝君产生更多的怨言。于是他一把火烧了借条，既缓解了百姓的困境，又为孟尝君赢得了"高义"的美名，还让薛邑成为孟尝君日后的安身保命之所。这一切正体现出冯谖有"弓不拉满，势不使尽"的智慧，看似舍弃即时的利益，实则为孟尝君留了一条退路。

在生活中，我们也应当吸收这种智慧。不管做什么事情，都要注意留一些余地。比如我们在做事时不必追求事事做尽，以免造成时间、精力和体力的过度耗费，到了关键时刻出现心有余而力不足的问题。

再如，我们在与人相处时也要留有余地。如果在利益分配上占尽便宜，不给他人留下任何空间，就会让人际关系变得越来越淡薄，甚至会走到关系破裂的地步。

还有，我们在平时说话时也要注意"留有余地"。我们都知道"祸从口出"的道理，所以在日常生活中尽量做到先思考再说话。

在人生的道路上，我们要记住，凡事不可过于极端、绝对，应当学会适可而止，留点空间给自己，也留点空间给别人，这样人生才会更加自在、惬意。

54. 看似退步，实则向前

五代时期的高僧契此和尚，也称"布袋和尚"，曾写了一首名为《插秧诗》的七言绝句，里面写道："手把青秧插满田，低头便见水中天。心地清净方为道，退步原来是向前。"

这是布袋和尚通过观察农夫插秧悟出的道理。农夫将青青的秧苗一棵接一棵地插满了整片水田，农夫低下头就能看到倒映在水田里的广阔蓝天，虽然在插秧时，他看似是在后退，可正是这样的后退，才能让人们逐步完成整片田地的插秧工作。

这首诗道出了一种"以退为进"的人生智慧：低头，是做人的方式。当我们真正低下头来，能通过水面认清世界，也可以看清脚下的路。退步，是做事的方式。要完成我们的目标，有很多方式，有时退步反而是最迅捷、最通畅的途径。

有这样一个"以退为进"的经典例子。清朝康熙年间，安徽桐城人张英在京城担任大官，位高权重，受人景仰。

张英老家的宅邸与一户姓吴的人家为邻。后来，吴家要建新房，两家在宅基地的界线上产生了纠纷。双方争执起来，却无法说服对方，只得打起了官司。可当地的县官看到两家人都是名门望族，谁也不敢得罪，导致案件一拖再拖，难以了断。

张家人十分气愤，写信向张英告状，想让他利用自己的职务来压制吴家。张英看了信后，连连摇头，他只给家人回了四句话："千里来书只为墙，让他三尺又何妨？万里长城今犹在，不见当年秦始皇。"

张家人这才醒悟过来，按照张英的意思，他们主动让出了三尺空地。结果吴家见状，也不好意思再争抢，也让出了三尺地。桐城从此有了一条"六尺巷"，这个故事也成了一段佳话。

张英的做法告诉我们，在人际交往中，很多时候并不需要"硬碰硬"。学会退一步，把"人情"让给别人，把看不见摸不着的"光环"让给别人，也能为自己赢得出路。这样做看似让他人得到了好处，但事实上却能让自己顺利达成目的。

在人生的旅程中，进进退退是正常过程。面对暂时性的"退步"，我们不必为之烦恼，而是应当理解和接受，不妨借着这个机会做好两方面的工作：第一是"内省"，以便发现自己在某些方面存在的不足，可以进行改进；第二是"外察"，也就是更好地观察形势，顺势调整策略、积蓄力量，寻找新的突破口，这样"退步"过后就会有更大的进步。

另外，在遇到冲突和纠纷的时候，我们也应该懂得退步和忍让，有助于达到"化干戈为玉帛"的效果。在这个过程中，我们可以像张英一样善于分析利弊，必要时放弃一些不太重要的东西，反而会为自己赢得更多。

"万事无如退步人，孤云野鹤自由身。"我们不妨多学学以退为进的智慧，这种态度能够让我们不断自我完善和提升，从而在人生的旅途中走得更远、更稳。

55. 退而不隐，适时进取

"后退"也要有分寸，不能完全隐退，不思进取。因此，古代哲人提出了"退而不隐，强而不显"的理念。"退而不隐"，意味着在某个阶段暂时选择后退，但没有彻底放弃。这样既能保存实力，又能为日后的"进取"做好必要的准备。

秦末汉初著名的"商山四皓"就深谙这样的道理。"商山四皓"指的是四位博学多识的隐士。他们拥有高尚的品德和深厚的学识，深受世人尊敬。但他们不满秦始皇的暴行，便选择隐居在商山。

不过，他们虽然退隐山林，却并非完全与世隔绝。在汉高祖刘邦晚年时期，他们就被请出了山，还发挥了重要的政治作用。

当时，刘邦十分宠爱戚夫人，甚至想要废黜太子刘盈，改立戚夫人所生的如意为太子。刘盈的母亲吕后十分着急，便向重臣张良求助，可张良表示这种事情仅靠自己的三寸不烂之舌恐怕难以奏效，不如去请"商山四皓"出面，为太子说情。

于是，吕后派人以贵宾之礼邀请"商山四皓"。这四位老者对天下形势有深刻的认识，不愿看到刘邦"废长立幼"引发乱象，便答应了吕后的请求。没过多久，在一次宫廷宴会上，刘邦惊讶地发现"商山四皓"竟然跟随在刘盈左右。他们对刘盈称赞有加，表示以后愿意辅佐刘盈。刘邦顿时打消了更换太子的念头，吕后也终于放下心来。在刘邦死后，刘盈顺利继位，成为汉惠帝。

"商山四皓"在隐居期间并非无所事事，而是修身养性，积累学识，用自己的品德和影响力对社会发挥积极的作用。与此同时，他们对时局仍然保持着敏锐的洞察力，一旦形势需要他们走出山林，为国家、人民贡献一份力量时，他们便会毫不犹豫地挺身而出。这种"退而不隐，适时进取"的做法不但彰显了他们为人处世的智慧，还反映了他们的高尚情操和社会责任感。

生活并不总是一帆风顺，有的时候，我们不妨像"商山四皓"这样暂时退一步，而这就需要我们看准"后退"的时机。比如在面临巨大压力的时候，或是竞争异常激烈的时候，又或是局势十分不明朗的时候，为了避免造成不可逆转的损失，我们就应当果断选择"后退"。

不过，在"后退"的过程中，我们要像"商山四皓"这样做到"退而有备"。比如，我们可以利用这段时间积累知识、提升技能、拓展人脉，也可以全面搜集信息，分析、预测未来可能会出现的趋势和挑战，然后提前制定应对策略和备选方案。这样在有需要的时候，就可以快速响应，变被动为主动。

当然，我们还要选对"进取"的时机，这也需要对形势进行准确的分析。如果发现事情出现了对自己有利的变化，同时自身的实力和资源也能够支持"进取"的行动，那就可以做出"适时进取"的策略，这样往往能够得到比较理想的结果。

56. 适时绕弯，曲径通幽

　　"后退"可以有很多种形式，"适时绕弯，曲径通幽"算是一种特殊的"后退"。其中"曲径通幽"，原本指弯曲的小路通向幽深僻静的地方，后来也指用看似后退、实则迂回曲折的方式达到自己的目的。

　　清朝著名才子纪晓岚很擅长用"曲径通幽"的方式解决难题。有一次，乾隆帝问纪晓岚："'忠孝'两个字该怎么解释？"纪晓岚答道："君要臣死，臣不得不死，这就叫'忠'；父要子亡，子不得不亡，这就叫'孝'。"乾隆帝故意给他出难题，竟对他说："那好，朕要你现在就去死。"纪晓岚愣了一下，随即回答道："臣领旨。"

　　随后，纪晓岚便离开了。可不一会儿，他又回到了乾隆帝面前。乾隆帝明知道纪晓岚不会这么糊里糊涂地送了性命，却还是故意装出惊讶的样子，问道："你不是已经领旨了吗？怎么又回来了？"纪晓岚回答："我刚才已经走到河边，正要往下跳，没想到屈原突然出现在水中，向我大喊，'纪晓岚，当年楚王昏庸无能，我才不得不自尽，可如今的皇上如此圣明，你为什么也要这么做呢？你至少要回去问一声，皇上到底是不是个昏君，如果皇上承认和楚王一样昏庸，你再死也不迟啊'。"听到这里，乾隆帝不禁大笑起来，连连夸赞纪晓岚有巧思。

　　乾隆帝向纪晓岚提了个十分无礼的要求，可碍于他作为君主的身份，纪晓岚不能直接驳他的面子，只能先假意领旨，做出"后退"的表现，然后绕了个圈子，迂回出击——假借屈原之口把难题抛给了乾隆帝，问他是否承认自己是个昏君。乾隆帝当然不可能这样做，纪晓岚也就很自然地将

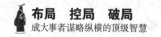
自己从难题中解脱出来了。

这个故事告诉我们，世上没有绝对的直路，也没有绝对的弯路。当我们遇到严峻的挑战时，与其在直路上碰得头破血流，不如先向后退一步，再寻找绕弯或迂回的道路，往往会有不一样的惊喜。

那么，我们怎样才能发现"曲径"呢？首先，我们可以试着暂时"后退"，也就是先把困扰自己的难题放在一边，去做一些能够让自己放松和冷静下来的事情，或是换一个安静的、适合进行深度思考的环境，这样能够避免思维陷入"死胡同"。

其次，我们可以尝试从别人的角度，或是利用不同学科领域的知识来分析眼前的问题，这样常常会产生一些新的灵感，会让我们有茅塞顿开的感觉。

接下来，我们可以采取一些带有迂回性质的思维方式，比如从结果出发，反向推导解决方案，或是从侧面出发，寻找与这个问题有关联的突破口，这些都是"曲径通幽"的智慧，它们并不意味着放弃，而是在寻求另类的进击之道，能让我们看到更美好的风景。

57. 明察秋毫，进退得当

有句广告词是这样说的："进，固然需要努力；退，更需要智慧和用心。"很多时候，学会"退一步"，更能彰显人生的大智慧。

相对于"后退"，"前进"似乎是个更轻松的选项，但我们也不能盲目。要知道，只退不进是懦者，只进不退却是莽汉，很容易犯冒进的错误，甚至还会造成非常严重的后果。

因此，我们要学会进退得当，也就是能恰当地把握前进和后退的时机与分寸，既不会盲目冒进，又不会畏缩不前。

东汉末年著名谋士贾诩在处理问题时就能做到进退得当。在董卓被王允等人诛杀之后，其部将李傕、郭汜等人计划解散部队，各自逃亡。此时贾诩站了出来，让李傕、郭汜不要撤退，而是要集结兵力反攻长安，万一成功了，就能打着天子的旗号控制朝政，就算失败了，也可以立即逃走保命。李傕、郭汜被他说得动了心，按照他的计策聚集了大批人马，攻陷了长安。从这一事件可以看出贾诩对"进退"的时机把握得非常准确。

后来，贾诩投奔了张绣，获得了张绣的信任。在曹操南征张绣时，贾诩精准地判断了"进退"的时机：当时，曹操撤退，张绣想要追击，贾诩连忙劝阻，可张绣没有听从，导致大败而归。张绣正在懊悔，贾诩却告诉他现在可以开始追击了，张绣照他说的去做，果然成功击败了曹操的军队。

然而，随着局势的变化，张绣面临着巨大的生存压力。贾诩又一次献计，劝张绣主动退一步，归降曹操。此时曹操正值用人之际，接受了张绣的投降，还对他格外厚待。

　　贾诩为曹操效力后，更是发挥了过人的智慧，曾在很多场关键的战役如官渡之战中为曹操分析进退时点，为取得胜利贡献重要力量。

　　曹操对贾诩也很看重，不但经常向他请教策略，还曾询问他对于立嗣人选的看法。深谙"进退"之道的贾诩没有直接回答，而是举出了袁绍和刘表父子因废长立幼引发内乱的例子，暗示曹操应立曹丕为继承人。这样一来，贾诩既表明了立场，又不会被卷入储位之争，足见他的处世智慧之高。

　　在关键时刻，贾诩总是能够做到进退得当，比如在劝告李傕、郭汜时，他是从困境中看到了"前进"的可能，从而让局势发生了逆转；而在辅佐张绣时，他更是知道何时应采取"进取"的策略，何时又应当"后退"，以避免损失；更让人佩服的是，他能在政治斗争中保持清醒的头脑和敏锐的洞察力，做事既不会过激，也不会过于保守，难怪会被人们誉为三国时期最杰出的谋士之一。

　　贾诩之所以能够做到进退得当，是因为他善于明察秋毫，也就是目光敏锐，能够洞察一切。我们在处理事情时，也应当认真观察事态的发展，搞清楚复杂局面下的真实情况。这就好比在大海中航行的舵手，如果能预见风浪来临，就应暂时引领船舶到安全的港湾躲避，而不是顶着风浪前行。同样，在明知不敌之时，暂避锋芒才是更好的选择。

　　此外，想要做到进退得当，我们还要注意调整心态。比如感觉自己的才智被埋没时，就要摆正心态，懂得"后退"一步——主动反省自我，看看自己哪里没有做到位。而不应整天好高骛远，以为人生之路"只能进不能退"，抱着这种心态做事的话，一旦遇到挫折，就很容易变得情绪化，会做出更多的错误决策。

　　事实上，进退得当是一门大学问，需要经验与智慧，更需要良好的心态。所以无论是"进"还是"退"，我们都要学会"宠辱不惊，闲看庭前花开花落；去留无意，漫随天外云卷云舒"，这样才能在人生的道路上越走越远、越走越稳。

第十章 | 未雨绸缪，防患未然

58. 人无远虑，必有近忧

"人无远虑，必有近忧"最早出自《论语》。宋朝理学大家朱熹也引用过《皇疏》中的说法："人当思渐虑远，防于未然，则忧患之事不得近。"这都是在告诫我们，要有长远的目光，学会未雨绸缪，而不能只关注眼前的事物。正所谓防患于未然，才能决胜于千里之外。

在这方面，三国时期吴国将领吕蒙为我们做了一个良好的示范。

当曹操率领大军浩浩荡荡地来攻打东吴时，孙权急忙召集众人，谋划如何抵抗敌人。大家都说要和曹操血战到底，吕蒙却提了个建议："我们应当抓紧时间，在濡须口修筑防线，这样可以把船只停泊在里面，再派兵到城墙上防守。如此水陆配合，攻守兼备，足以抵挡曹操。"然而，其他人都表示反对，说修筑防线完全是多此一举。但吕蒙坚定地说："打仗不是一帆风顺的事情。一旦突然开战，士兵根本来不及上船列队。但要是提前在山上筑城立关，再修好船坞，我们就可以从容地调兵遣将、排列阵容，就算敌人来袭，也可以应对自如。"孙权听后很是赞成，立即派了大量人手开工建设，在极短的时间里，就筑成了两座关口和濡须坞。

不久，曹操大军进抵濡须口。哨兵回来报告说："沿江一带有无数旗幡，但看不出敌人到底将兵船聚集在哪里。"曹操亲自带兵爬上山坡观望，这才发现，濡须坞内的战船队伍严整，一眼望去没有丝毫漏洞，自知难以攻破。后来曹、孙两军在此相持一个月，始终分不出胜负，此时雨多水涨，曹军不擅长水战，曹操只得宣布撤退。此后曹、孙两军又在这里交战过数次，曹军始终没能突破濡须口防线。唐代诗人孙元晏还把这些历史事件写到了诗中，一句"莫言有个濡须坞，几度曹公失志回"，让人们更加佩服吕蒙的深谋远虑。

吕蒙建议修筑濡须口防线，是在分析未来战局的基础上做出的长远考虑。作为一名经验丰富的将领，他预见到了战争中可能出现的突发状况，因此主张未雨绸缪，构建稳固的防线，以备不时之需。这种前瞻性的思考，正是"人无远虑，必有近忧"的生动体现。

在工作、学习和生活中，我们也要有吕蒙的这种精神，不能仅仅关注眼前的得失，而要多做"远虑"，也就是要做长远的打算。这不仅包括某些具体事件的计划，更要包含影响人生发展方向的重要规划。如果一个人缺少对理想的追求和对人生的规划，就会因过于散漫和随意而付出惨痛的代价。所以，我们要看得长远些，对于未来发展的每一种可能性，都要有大概的预判和分析，并要设想一些困难和不如意的方面，然后提前做好预案，这样才不会被突然出现的麻烦弄得措手不及。

　　《礼记·中庸》中说道："凡事预则立，不预则废。"其实说的是一样的道理。在做事前，我们必须先做好长远的打算，然后做好充足的准备，成功的概率就会大很多。虽然现实生活中常常是"计划赶不上变化"，但有计划至少可以保证我们的大方向不动摇，并能让我们内心踏实、行动从容、状态自信。所以我们在任何时候都应该有一种提前谋划的意识，未雨绸缪，才能拥有更加成功的人生。

59. 安不忘危，盛必虑衰

安不忘危，盛必虑衰代表了一种具有超前性的危机意识和忧患意识。毕竟，我们的生活不可能一帆风顺，阳光与风雨相伴，顺境与逆境相随，这才是人生的常态。

因此，当我们身处安稳、顺遂的境地时，不能放松警惕，否则在遇到突发情况时，很容易手忙脚乱，甚至不知所措。只有安不忘危，盛必虑衰，我们才能有更足的底气应对不确定的未来。

唐太宗李世民即位后就能做到这一点。由于他目睹了隋朝灭亡的整个过程，在当上皇帝后，他就对大臣们说："天下刚刚安定，我们尤其需要谨慎小心，如果过于骄奢淫逸，沉迷于享乐和放纵，最终会导致整个国家走向衰败，甚至灭亡。还有，我们不能因为国家现在看起来和平稳定，没有什么大事发生，就放松了为君之道，不去好好治理国家，那么这样的帝王基业肯定是不会长久的。"他这一番话点醒了一些盲目乐观的大臣，大家振奋精神，努力治理国家，力求达到政治清明、经济繁荣、社会安定的目标。

唐太宗还通过反省历史来思考当下，以防患于未然。根据《贞观政要》的记载，唐太宗对臣下说："我看那古代的帝王们，有的逐渐兴起，有的走向衰亡，这就像有了早晨，就必然会有夜晚一样。他们之所以衰亡，都是因为被人蒙蔽了双眼和耳朵，不了解当时的真实情况。而那些忠诚正直的臣民因为害怕遭到报复，也不敢直言劝谏。倒是那些邪恶谄媚的人势力逐渐扩大，迷惑了君主，让君主无法认识自己的过失，最终难免走向灭亡。"

魏徵听过这番话后，有所感触，发表了自己的看法："臣认为，那些失国之君，都是因为身处安定中，就忘记了危亡；身处清平时，就忘记了动乱，所以他们的国家不能长治久安。如今陛下善于治国，政治清明安定，却还保持着如临深渊、如履薄冰这样谨慎的作风，国运自然能够长久。"

唐太宗李世民在位二十三年，其间出现了政治清明、经济繁荣的良好局面，史称"贞观之治"。他的成功与他始终牢记"安不忘危，盛必虑衰"的道理有很大的关系。正是因为他能够考虑到日后可能出现的危机、衰落，才会始终保持高度警惕，不但严格要求自己做一个合格的君主，还力戒奢侈、惩贪倡廉，为大唐盛世打下了良好的基础。

安不忘危，盛必虑衰，体现了唐太宗作为卓越的政治家的大智慧，那么，我们又能从他身上学到什么呢？

首先，我们要有居安思危的危机意识。无论处于何种境遇，我们都应保持清醒的头脑，要从心态上、思想上做好准备，这样，当真正的危机爆发时，才不会造成心理恐慌；同时我们还要事先准备好应对的办法，用充足的预案、成熟的策略去化解未来可能遇到的问题。

其次，我们要对"盛衰相依"有充分的认识。"盛极必衰，衰极必盛"，这是亘古不变的规律。因此，在事业或地位处于顶峰时，我们一定不能得意忘形，以免给自己招来不必要的麻烦。在人生的"鼎盛期"，我们更应谨慎行事，要合理规划手中的资源，不宜过度浪费，或采取盲目扩张式的发展战略。我们应当思考如何保持稳健的发展速度，以维持长期的繁荣。

　　此外，我们还要意识到，安不忘危并不是消极悲观，盛必虑衰也不是灰心丧气，其本质应当是积极乐观的。只有对未来有所期许的人，才能敏锐地洞察现实生活中的矛盾变化，并会生发出主动作为的责任担当，从而激发自强不息的进取精神，主动应对可能发生的危机和风险。

60. 蚁穴不填，终将溃堤

《韩非子·喻老》中有这样一句话："千丈之堤，以蝼蚁之穴溃。"意思是说，千丈的长堤，会因为小小的蝼蚁洞穴而轻易地崩溃。这是在告诫我们，如果在小事上不注意，就可能引发大乱子。

这句古训在一段流传甚广的寓言故事中得到了生动的诠释。

相传在黄河边有一片小村庄，为了抵御洪水的侵袭，村民们在河边筑起了坚固的长堤，还派人每天巡视。有一天，有个老农在巡视长堤时，忽然发现蚂蚁窝比过去增加了许多。他正准备回村去报告，却被儿子拦住了。儿子不以为意地说："河堤这么长，又这么坚固，还需要害怕几个小小的蚂蚁窝吗？"说罢，儿子拉着老农一起下田干活，也没去告诉其他人。

当天晚上，大雨倾盆，黄河水位猛涨，河水从蚂蚁窝渗透进来，逐渐侵蚀长堤的根基，最终长堤轰然倒塌，村庄也被泛滥的河水淹没了。

千丈之堤，看似牢不可破，却因小小的蝼蚁入侵毁于一旦，这样的教训是多么惨痛啊！这也提醒我们，细节性的问题可能成为巨大变故的导火索。就像我们都很熟悉的"蝴蝶效应"，说的就是区区一只蝴蝶在南美洲轻轻拍了几下翅膀，引起了空气细微的变化，竟会在美国得克萨斯州掀起一场龙卷风。

可见，不管是自然界的微小变化，还是人类社会中的细微失误，一旦被忽略，都可能会由小变大，最终造成严重的后果。因此，我们必须重视每一个不好的苗头，及时采取措施，才能避免出现"蚁穴溃堤"的后果。

因细节疏漏而招致灾祸的教训，在历史上并不少见。据《左传·宣公二年》记载，前607年，宋国大夫华元奉命率军抵御郑国入侵。战前，华元为鼓舞士气，下令宰杀了一批羊犒赏将士，却独独忘记将羊肉汤分给车夫羊斟。羊斟心怀怨恨，打定主意要报复华元。

交战当日，宋军大摆阵势，正当华元指挥调度之际，羊斟突然猛挥马鞭，驾车径直冲向了郑军的阵地……这一战宋国惨败，连主帅华元都成了俘虏。事后调查战败缘由时，才知竟因一碗羊肉汤的疏漏，导致车夫临阵倒戈。

华元身为将领，能慷慨地犒赏全军，却忽视了身边不起眼的车夫。可在冷兵器时代，车夫作为战车的驾驭者，能直接影响主帅安危与战局走向。华元忽视了如此重要的细节，最终酿成兵败被俘的恶果。这个故事与"蚁穴溃堤"异曲同工，都告诫我们：哪怕是看似微不足道的疏忽，都可能引发连锁反应，导致全局溃败。

为此，我们平常做事时，应当建立严谨的维护和检查流程，包括认真记录、定期检查、及时修复等多个环节，这样才能确保每一个细节都能得到妥善的处理。

另外，我们在日常工作中，要养成注重细节的好习惯，对待每一项任务都要深入打磨细节，千万不要认为这是多余的。因为我们只有把细节、小事做好，才能避免大事出现疏漏。

此外，在发现问题后，我们不能过度依赖自己的判断，也不能用过往的经验告诉自己这件事情不会演变成大问题。就像那个农夫的儿子犯了"经验主义"的错误一样，这其实是一种思想上的懒惰。我们应当摒弃这种思维，多用科学的方法和工具进行深入分析，以探明事物的本质，而不能自以为是、胡乱决策。

61. 慎思慎行，谨防疏忽

"患生于所忽，祸起于细微"这句古老的谚语告诉我们，人生中的祸患往往是在自己不在意的细节处出现的，一些微小的疏忽，往往就是灾祸的根源。因此，我们要学会慎思慎行，谨防疏忽。

历史上，因未能慎思慎行而招来祸患的例子并不少见。春秋时期，齐桓公身边有三个奸臣，分别是易牙、竖刁和开方。易牙为了讨好齐桓公，不惜伤害自己的孩子；竖刁为了讨好齐桓公，不惜伤害自己的身体；开方为了讨好齐桓公，守在齐桓公身边十五年，就连自己的父亲去世都不肯回家。齐桓公认为这三人的种种行为是忠于自己的表现，对他们更是宠爱，甚至还想对他们委以重任。

有一次，齐桓公去探望病重的老臣管仲，想问他谁能接替他担任相国。管仲坦诚地告诉齐桓公："大王您喜欢的易牙等人，都是冷酷无情的阴险小人，绝不能让他们来治理国家。"齐桓公反问管仲："这几个人在我身边待了很长时间了，如果你觉得他们是小人，为什么从前却一句都不提呢？"管仲回答："从前我觉得，作为君主，偶尔宠幸这些人，享受些快乐也是应该的。更何况以前我在相国的位置上，也能控制他们。可现在我病得很重，无力辖制他们，他们就会成为大的祸患。为了国家的长治久安，您一定要警惕这些人啊！"

然而令人遗憾的是，管仲去世后，齐桓公并没有把他的忠告放在心上。齐桓公不但重用了那几个人，还把朝堂事务都交给了他们，自己只顾饮酒享乐。后来，这几个奸臣为了夺权，竟然将齐桓公禁闭在房间里，把

他活活给饿死了。

齐桓公的悲剧就是由自己的疏忽引起的。如果他能够在用人上更加谨慎、在决策过程中更加理智、在发现问题时及时采取措施，那就能避免事态向着不好的方向发展。然而，由于他缺乏慎思慎行的品质，又不肯接受贤臣的建议，最终导致悲惨的结局。

这个例子给我们后人留下了深刻的教训和警示：在生活和工作中，我们必须时刻保持谨慎和理智的态度，慎思慎行，避免因疏忽大意而犯下不可挽回的错误。

慎思慎行，要求我们首先学会慎重思考。就是在做出决策前，要进行全面的分析。为此，我们要尽可能多地收集相关信息，对可能的结果进行深入的思考和评估。在这个过程中，一定要保持情绪稳定，避免情绪化决策，同时还要进行自我反思，以便及时发现思维方式和判断标准中存在的偏差与局限。

其次，我们要学会谨慎行动。在行动前，一定要有周密的部署，对行动的步骤、时限和所能应用的资源等都要安排到位，才能确保行动的有序性和高效性。在行动过程中，我们要保持高度的责任感，要对自己的行动造成的结果负责。这样才能促使自己稳扎稳打，避免出错。

此外，在慎思慎行的同时，我们还要注意持之以恒。老子曾经说过："慎终如始，则无败事。"这提醒我们要学会坚持，哪怕已经到了事情的最后阶段，也要像开始时一样谨慎，这样才能避免功败垂成，留有遗憾。

62. 前车之覆，后车之鉴

　　善于借鉴往事，吸取经验教训是许多人成功的秘诀之一。"前车之覆，后车之鉴"，就是在提醒我们，要从过去发生的事情中吸取经验教训，以作为以后行事的借鉴，从中不难看出古人对前人得失经验的敬畏和尊重。

　　与"前车之覆，后车之鉴"含义相近的还有"前事不忘，后事之师"，出自《战国策》。春秋末年，晋国的大权已经落入了智、赵、魏、韩四姓家族的手中，国君晋定公成了傀儡。战国初期，晋定公派遣使者去齐、鲁两国，请求两国出兵讨伐四大家族。四大家族得到消息后，出兵攻打晋定公。

　　后来，晋国宗室姬骄被立为国君，这就是晋哀公，此时晋国的大权仍掌握在四大家族手中。在四大家族中，又以智家的智伯权力最大，其他三家的首领赵襄子、魏桓子和韩康子都不敢与他抗衡。智伯趁机提出了割让土地的要求，魏桓子和韩康子都无奈地答应了，而赵襄子却一口拒绝。智伯非常恼怒，立即要求另外两家出兵和自己一起去攻打赵襄子。

　　赵襄子连忙去找谋臣张孟谈商量对策。张孟谈建议赵襄子到晋阳去，凭借坚固的城防抵抗三家联军。晋阳城被整整围困了三年，百姓生活越来越困难，眼见难以再坚守下去，张孟谈潜入魏、韩二卿营中，向魏桓子和韩康子陈说利害关系，最终说服了这两家。第二天夜里，赵、魏、韩三家联合向智伯发起进攻，智伯被生擒。

　　攻下智伯后，赵襄子准备大赏张孟谈。可张孟谈却向赵襄子提交了辞呈。赵襄子十分不舍，再三挽留，张孟谈却说："我只是做了一个臣子应该做的事，您不必报答我的功劳。我早就看到，历史上凡是臣子权力过大，甚至与君主比肩的，就会出现祸患。前事不忘，后事之师。您还是让我离开吧。"赵襄子见他去意已决，只好批准了他的辞呈。

张孟谈虽然立下了大功，却毫不犹豫地辞官离去，是因为他善于从历史教训中汲取经验，从而预见并避免了潜在的危机。毕竟，他也是晋国大乱的亲历者，对君臣之间的关系有深刻的认识，明白"功高震主"的道理，所以他未雨绸缪，提早出局，避免了君臣相争的结局，也保全了自己。

在历史上，像这样的例子还有很多。古人对"前事""前车之鉴"赋予了非常重要的意义，他们通过写史、论史、读史，不仅记录了过往的辉煌和沧桑，还从中提炼出了深刻的历史发展规律。他们深知，历史并非孤立事件的简单堆砌，借鉴历史也不是简单地"重温旧梦"，而是要剖析过往的成败得失，这样既能做好防范，避免犯前人犯过的错误，又能吸取经验，用前人的成功来指导自己的决策。

我们不仅可以借鉴前人的经验，还可以借鉴自身，也就是对自己过去的工作进行回顾与复盘，总结"为什么做""怎么做"和"做得怎么样"，特别是要关注那些错综复杂的矛盾和问题是如何发现、如何解决的，这种反思和总结也是一种有效提升自我的办法。

为了确保借鉴与反思能够产生最大的效益，我们需要把握几个核心要点：首先，我们要避免被表面现象所迷惑，要学会透过现象看到深藏其中的本质，还要透过局部看懂全局大势。其次，我们要坚持实事求是的原则，任何形式的总结与反思都必须建立在事实的基础上，如果偏离事实，就会陷入主观主义的陷阱。最后，我们要学会总结规律，并要举一反三、触类旁通。这样才能将零散的经验教训上升为普适的规律认识，当我们再次遇到类似情况时，就能灵活运用规律，实现经验的迁移和创新。

破局篇

出奇制胜，扭转乾坤

第十一章 | 打破常规，创新思维

63. 穷则变，变则通

"穷则变，变则通"，出自先秦时期的典籍《周易》。这句话的意思是：事物到了山穷水尽的地步，就需要寻求变化；有了变化，才能找到通达之路，从而摆脱困境，实现新的发展。

这提醒我们，最能有效摆脱困境的办法就是变通，所以在遭遇瓶颈时，应当主动调整、主动变化，以便找到新的发展路径。

《三国演义》中有段"诸葛亮大摆空城计"的情节，就能体现"穷则变，变则通"的智慧。街亭失守后，司马懿率领大军浩浩荡荡地逼近了诸葛亮所在的西城。

当时，诸葛亮手下守军寥寥，粮草也不多了，面对来势汹汹的敌军，将士们无不大惊失色。在这几乎绝望的境地，诸葛亮却始终保持冷静，他知道此时只能果断变通，才能找到一线生机。

诸葛亮登上城楼，远远观望了一番后，心中有了主意。接下来，他传令下去，让手下把所有的旌旗都收起来，让士兵就地隐藏行迹，老百姓都躲进自己家里，不能大声喧哗。

随后，诸葛亮让士兵把城门打开，只留一些老弱病残做出洒水扫街的样子。而他自己则披上鹤氅，头戴纶巾，领着两个小书童坐在城楼上，焚香抚琴。

不久，司马懿率军赶至城下，看到这种情景，反而不敢轻易入城。因为他知道诸葛亮用兵如神，计谋如山，此时大开城门，很可能设有伏兵，如果自己贸然进城，难免会落入圈套。

就在司马懿犹豫不决的时候，诸葛亮表现得更加从容淡定了，只见他弹奏着古琴，琴声丝毫不乱，仿佛一切都在他的掌控之中。这下司马懿更加确定城中有伏兵了，他连忙传令下去，让军队迅速撤退。

这段故事不仅展现了诸葛亮过人的智慧和胆识，还让我们看到了"变通"的魅力。在身处绝境时，诸葛亮没有选择坐以待毙，也没有鲁莽地与敌人硬拼，而是灵活应变，以虚为实，以静制动，最终吓退了敌人。

这种在困境中积极寻求变通、勇于创新的精神，正是我们应当继承和发扬的。那么，如何变通呢？我们可以对环境进行变通，也就是通过改变外部环境来寻求新的发展机会，"树挪死，人挪活"，换一个地方，有时可能很快就能找到新的出路。

我们也可以试着对自己的行为进行变通，比如改掉一些不良习惯，这种行为上的调整能够直接促进个人的成长和进步。

当然，我们最应该变通的，还是自己的思维。一个人的思维层次，决定了他的生活状态。观念守旧的人一味地按照老办法解决问题，终究会被困在新问题上。因此，当一条路走不通的时候，我们就要及时调整思维，打破固有思维模式，寻找新的解决路径。这种思维上的变通能够让人在绝境中看到希望，找到新的发展方向。

稻盛和夫在《活法》里的观点进一步强调了变通的重要性。他指出：思维是画笔，人生是画布，人的思维不同，人生的画卷也不同。因此，在面对生活的困境时，我们就要学会"穷则变，变则通"，这样不仅能够解决眼前的问题，还能够用思维的画笔描绘出更加壮阔的人生画卷。

64. 不慕古，不留今

《管子》中提到"不慕古，不留今，与时变，与俗化"，这句话体现了管仲开放、进取的思想。

其中"不慕古"指的是要以开放的心态审视历史，取其精华，去其糟粕，不被旧有的框架所束缚。"不留今"是说要有前瞻性和进取心，不断追求进步和发展，不能被眼前的成功或失败所局限。至于"与时变，与俗化"，是说时代在变，社会在进步，风俗习惯以及人们的需求和观念也在不断变化，所以我们不能因循守旧，而是要紧跟潮流，与时俱进。

这句话告诉我们在面对历史、现在和未来时，都要保持一种灵活、开放和进取的态度，才能在不断变化的世界中立足，实现个人的价值和社会的发展。如果拒绝变化，僵化守旧，就会造成严重的后果。

春秋时期，一位国君就犯了这样的错误，他的思想过于僵化，在战场上不知变通，只懂得固守"仁义"二字，导致错失良机，最终退出了诸侯争霸的行列。

前638年，宋国攻打郑国，郑国向楚国求救。军事力量强大的楚国派兵向宋国国都发起攻击。宋襄公只好先从郑国撤退，结果与楚国的军队在泓水相遇。眼看楚军开始渡河，宋襄公的属下说："我们应当趁他们渡河，抓紧时间消灭他们。"宋襄公却说："我们是仁义之师，怎么能趁人之危呢？"

等楚军过了河，开始在岸边列阵时，宋襄公的下属再次提醒："趁楚军阵形不稳，我们应当立即进攻。"宋襄公却仍然觉得突袭胜之不武。结

果等楚军列好阵，一拥而上时，宋军根本没有抵抗的力量，很快就败退了，宋襄公本人也差点在战斗中身亡。

宋襄公首先犯了"慕古"的错误，他过分拘泥于古代的礼法和道德观念，却忽视了春秋时期礼崩乐坏、诸侯争霸的现实，这导致他的种种行为显得很不切实际。其次，他还犯了"留今"的错误，没有充分评估自身的实力和外部环境的变化，盲目采用自以为正确的策略。此外，他不能做到"与时变"，在战略上缺乏灵活性和变通性，导致失去了最佳战机，难以避免惨败的结果。

为了避免重蹈覆辙，我们应当多提醒自己"不慕古，不留今，与时变，与俗化"。比如，"不慕古"告诫我们不能因循守旧，墨守成规。现实生活中，很多人会因为惯性思维或保守的态度而继续沿用过时的观念、方法或制度，不愿意做任何改变，导致错失新技术、新思维带来的发展良机。对此，我们应当保持开放的心态，积极拥抱变化，不断学习新知识，掌握新技能，以适应时代的需求。

再如，"不留今"告诫我们不能满足于今天的成就，以至于停滞不前。在现实生活中，确实有很多人容易满足于现状，还把自己封闭在熟悉的舒适区内，对外部世界的新变化、新趋势视而不见。这种短视的行为只会让他们慢慢失去竞争力，被时代所淘汰。因此，我们要鼓励自己走出舒适区，挑战自我，追求更高的目标，那样的人生才会拥有无限的可能。

"与时变，与俗化"还进一步强调了顺应时代潮流、融入社会风俗的重要性。时代在变，社会在进步，我们的观念和行为也应当随之改变。因此，我们应当把握时代的脉搏，紧跟社会发展的步伐，这样才能在社会中立足并发挥更大的作用。

65. 事不凝滞，理贵变通

"事不凝滞，理贵变通"出自《宋史·赵普传》，意思是说，万事万物都处于不断的变化之中，我们不能死守教条，而是要根据事物的发展变化适时变通，以更好地应对各种挑战。

在西汉时期著名的"白登之围"中，谋士陈平就做到了这一点。前200年，匈奴冒顿单于在白登山设下了埋伏，当汉高祖刘邦率领兵马前来时，被四十万匈奴大军团团围住。当时汉军既缺少粮草，又没有支援，饥寒交迫，危在旦夕。

此时陈平发现，冒顿单于对阏氏十分宠爱，来战场也带着阏氏。于是陈平向刘邦献计，既然不能强行突围，也不能坐以待毙，不如从阏氏身上想办法。在陈平的建议下，刘邦派遣使臣偷偷下山，向阏氏献上金银礼物，求她向冒顿单于吹"枕边风"。

当天晚上，阏氏对冒顿单于说："据说汉军有几十万大军前来救援，说不定明天就会赶到。"冒顿单于不太相信，阏氏继续说道："现在汉朝皇帝被困在山上，汉人怎么可能就此罢休呢？等救兵一到，内外夹攻，我们就麻烦了。"

冒顿单于觉得这话有道理，便问阏氏："你觉得我们该怎么办呢？"阏氏说："他们被我们围困了几天，却还是军容严整，想必是有神灵相助。你又何必非得将他们赶尽杀绝呢？不如放他们一条生路吧。"

此前，冒顿单于曾与韩王信等人约定过会师日期，但他们的部队迟迟未到，这令冒顿单于更加不安，甚至开始怀疑韩王信与汉军有勾结，准备借此机会消灭自己。于是冒顿单于采纳了阏氏的建议，打开了包围圈的一角，让汉军撤走了。

陈平没有按照传统思维，建议刘邦去硬碰硬地对抗匈奴大军，而是选择了更为灵活和间接的方式——利用阏氏这一关键人物，让其发挥影响力，改变了冒顿单于的想法，从而化解了危机。

陈平的计策虽然看似有些"不光彩"，但却非常实用。他没有过分追求形式上的正义或道德上的完美，而是更加注重实际效果。这正是"理贵变通"的重要体现，不仅挽救了西汉基业，还为后世提供了宝贵的智慧启示。

在人生的路途中，执着追求梦想固然可贵，但盲目的执着却不可取，因为它会让人陷入僵局。很多时候，我们要学会变通，这是应对变化、解决问题的关键策略。

变通能力对于个人的成长至关重要。在面临挑战时，善于变通，意味着能够从不同的角度来分析问题，因而能够把复杂的情况简单化，把不可能变成可能。这种变通能力能够提升个人的适应性，有助于迅速适应新环境、新挑战。在面对压力时，变通能力还能帮我们调整心态，达到减压的目的。

在人际关系中，变通也显得非常重要。当我们面对形形色色的人时，如果我们一味地按照自己的想法处理人际关系，难免会造成冲突和误解，更会给自己的发展带来阻碍。如果我们拥有变通能力，就会尊重他人的差异、包容不同的观点，并会选择更加和谐的沟通方式，有助于建立良好的人际关系。

变通是一种适应环境的能力，是一种应对挑战的智慧，是一种把握机会的技巧。在现代社会中，变通已经成为一种必备的能力，不仅能够助力个人成长，还能推动整个社会快速进步和发展。

66. 此路不通，另寻他路

《菜根谭》中说："人情反覆，世路崎岖。行不去处，须知退一步之法；行得去处，务加让三分之功。"的确，做成一件事的方法不止一种，人生的道路也并非只有一条。前路不通时，一定不能"一条道走到黑"，而是应当变通思维，另寻他路。

东晋文学家陶渊明少时便立下"大济于苍生"的宏愿，曾历任江州祭酒、镇军参军等职，却在门阀制度的桎梏下处处碰壁——当时的官场被士族门阀垄断，像他这样出身没落家族的子弟，纵有一腔抱负，也处处受排挤，想为百姓谋事，却难如登天。

义熙元年（405年），陶渊明上任彭泽令仅八十余天，郡府督邮前来巡查。手下小吏赶紧提醒陶渊明："大人，督邮可是上面派来的，您得整整衣冠去拜见啊！"陶渊明一听这话，顿时不高兴了，掷笔长叹道："我每天就靠五斗米的俸禄养家，还要对着这种没本事的小人弯腰赔笑？不干了！"当天他就交出官印，从此彻底告别官场。

仕途不通，陶渊明转而归隐田园，在庐山脚下盖了几间茅屋，过上了"晨兴理荒秽，带月荷锄归"的农耕生活。他在《归园田居》中写道："久在樊笼里，复得返自然"，这是将官场比作牢笼，把田园视为心灵的归宿。他还喝着自酿的菊花酒，吟诵着"采菊东篱下，悠然见南山"，引发了无数文人的共鸣。

陶渊明以诗酒自娱，寄情山水，开创了中国文学史上的田园诗派，他的作品"质而实绮，癯而实腴"，对后世诗歌发展影响深远。

陶渊明的选择，是对"此路不通，另寻他路"的生动注解。在门阀制度的桎梏下，仕途无法实现他的济世理想，及时转身便成为必然。这种变通并非消极避世，而是对自我价值的重新认知——当政治舞台难以容身时，文学便成为更广阔的天地。

陶渊明的"另寻他路"，为后世展现了在困境中另辟蹊径的智慧：当既定道路与内心冲突时，倾听本心、转换方向，方能在新的领域成就别样的精彩。

在人生的旅途中，我们走过很多道路，但有些道路可能会出现方向性错误，越走离自己的目标越远；有的道路则可能充满危险，一路上少不了陷阱、深渊和泥沼。如果我们执意向前，只会陷入危险之中。适时转换方向，才有可能取得柳暗花明的效果。

此路不通，另寻他路，不是退缩，也不是怯懦，而是善于变通的一种表现。大路走不通时，我们就试试羊肠小道，不同的道路，总能看到不一样的风景。

在这个过程中，我们应当注意保持心态平稳，特别是在遇到"此路不通"的情况时，不要因一时的挫败而萎靡不振，要理性地分析现状，认清问题的本质，这是找到新出路的前提。接下来，我们要展开深度思考，弄清楚"此路不通"的原因：究竟是方向错误，还是方法不当，抑或是时机未到？在思考时，我们还要注意不能局限于已有的知识和经验，而是要勇敢地尝试新的思路和方法，以激发创造力，发现那些原本未曾注意到的机会和路径。

当然，寻找新路径的过程肯定会充满艰辛，对此我们要保持足够的耐心和韧性，不轻言放弃，才能最终找到新的出路。

67. 革去故，鼎取新

《周易·杂卦》中说道："革，去故也；鼎，取新也。"意思是说，去除旧有的、不再适用的，甚至阻碍发展的事物或观念，引入新的元素，创造新的价值。现在，我们常用成语"革故鼎新"来描述破旧立新，推动事物发展和社会进步。

明朝医药学家李时珍就有一种"革故鼎新"的精神。他在长期的医疗实践中发现，自宋代编成《证类本草》之后，本草学便停滞不前，而且原有的本草书中存在不少谬误。于是，他决心对本草书进行全面整理和补充。

李时珍深入实地考察，足迹遍及大江南北。他还虚心向农民、渔人、樵夫、捕蛇者等请教，以详细了解药物的生长、分布情况。靠着这样的方法，他收集到了大量标本和民间单方。历经20多年，他终于完成了约190万字的医学巨著《本草纲目》。

《本草纲目》全书52卷，收录药物近1900种、附方11000余则。在前代文献基础之上，书中新增的药物有374种，新增医方8000余个。此外，《本草纲目》还附有插图2卷，载图1109幅，将植物特征、动物神态、矿物纹理等绘制得十分准确清晰。不仅如此，李时珍还打破了《神农本草经》按上、中、下三品分类的方法，创新地提出了"析族分类，振纲分目"的植物分类系统，已经基本接近现代植物分类学系统。

作为一名杰出的医药学家，李时珍具有求实创新、注重实践的良好品质。他博采众长，尊古而不泥古，对古代中医药学的研究成果进行了批判继承，尤其注意革除古医书中的不实记载。此外，他还重视创新和发展，

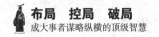

不但新增了大量药物、药方，还创造性地革新了植物分类方法，对中药学的发展产生了深远的影响。

正如儒学经典《礼记·大学》所言："苟日新，日日新，又日新。"创新是推动社会进步和发展的不竭动力。创新，简单地说，就是突破常规思维的限制，提出全新的解决方案。在商业领域，创新是企业提升竞争力的关键因素，能够帮助企业不断适应新的市场变化和客户需求；在科技领域，创新是推动科学和技术进步的重要引擎，能够为人类社会带来前所未有的变革；在医疗领域，创新是推动医学进步的核心动力，能够为疾病的预防、诊断和治疗提供日新月异的新技术。

然而，创新不能凭空而来，它需要建立在前人研究的成果之上。所以正确的创新态度并不会否定过去的一切，而是以旧事物为基础，"择其善者而从之，其不善者而改之"，其中需要革除的，是制约发展的障碍。在此基础上，改变思路、改进方法，才能不断创新，开创新局面。

创新也需要建立在深厚的知识积淀上。知识水平越高，结构越合理，创新的可能性就越大。为此，在增强专业知识学习的同时，我们还应有意识地了解一些前沿性、难度较大的知识，了解一些交叉学科和边缘学科的知识，使自己拥有较广泛的知识面和广阔的思考空间，从而产生创造性解决问题的灵感。

创新还要建立在独立思考之上。缺乏独立思考的人是不会有创新意识的。因此，我们应培养自己的独立思考能力，不盲目附和、人云亦云，也不轻易接受现成的答案或观点，而是通过自己的思考和探索来寻求解决方案。

"革故鼎新"不应成为一句空话，我们都应该成为具有创新精神的人，才能赶上时代的浪潮，乘风破浪，一往无前。

68. 破而后立，晓喻新生

中国古代有一个"凤凰涅槃"的传说。在传说中，凤凰被赋予了神圣的使命，每隔几百年，当人间的仇恨和怨气积累到一定程度时，凤凰就会毅然决然地投身于烈火中，以自己的生命换取人世间的和平与欢乐。在最后一缕火焰熄灭后，凤凰能以更美好的躯体重生，力量也会变得更加强大。

"凤凰涅槃"的传说，深刻体现了"破而后立，晓喻新生"的哲理。它告诉我们，只有经过极其艰难的磨砺与考验，才能打破旧有的束缚与限制，实现自我的超越与重生。

明代思想家王阳明就曾有过"凤凰涅槃""破而后立"的经历。三十五岁时，王阳明因言获罪，先是被廷杖下狱，后又被贬谪流放到贵州龙场驿。

那时的贵州地处万山丛棘之中，是一片尚未开化之地。王阳明到了龙场驿后，没有居住的房屋，与当地居民的语言又不通，可谓困难重重。但王阳明并没有被困难吓倒，他自己生火做饭，照顾生病的随从，还去开荒种地，又努力和当地的居民沟通，把自己掌握的农业知识传授给了他们。

随着时间的推移，王阳明逐渐在龙场驿安顿了下来。在一个安静的山洞里，王阳明日夜反省、思考着。终于，在一天夜里，他悟出了这样的道理："圣人的道德和智慧是我们每个人本性中就具备的，不需要从外部去寻找。那些试图从外部事物中寻找道德和智慧的人，实际上是走错了方向。"

这就是著名的"龙场悟道"，为王阳明之后提出"知行合一"奠定了基础。王阳明认为，圣人之道就是良知，想要成为圣人，就必须"致良知"。至此，以"良知"为宗旨，包括"心即理""知行合一""致良知"三大核心内容的心学被确立下来。

王阳明在仕途失意、流落龙场驿时，非但没有悲观沉沦，反而在艰苦的环境中悟出了人生的真谛，成功实现了"破而后立，晓喻新生"，创立了垂范后世的"阳明心学"。

"破而后立"不仅是一种策略或方法论，更是一种生活态度和哲学观念。它鼓励我们在面对困难和挑战时，不应固守成规，而应勇于创新和变革。"破"意味着对现有的体制、规则或传统进行彻底的改变，包括去除不合时宜的条条框框或陈旧的观念。只有将这些阻碍我们进步的东西全部破除掉，才有发展的空间，才能找到新的起点。"立"意味着在清除了旧有的障碍或限制之后，要用创新思维和变革精神，建立新的制度、体系或思想。

在破而后立的过程中，我们必须有清晰的目标和方法，并朝着目标坚定不移地走下去。另外，我们要提醒自己，不能仅仅停留在改革的表面，而是要通过深刻的变化实现真正的发展和进步。

在个人成长的过程中，破而后立同样具有重要意义。它要求我们不断进行自我反思和自我革新，而这个过程只能靠自我觉醒来完成。我们都知道，毛毛虫必须通过痛苦的挣扎才能破茧而出，化身为美丽的蝴蝶。如果在这个过程中，有人用剪刀打破坚硬的蛹壳，这看似是给幼蝶助一臂之力，可实际上，幼蝶却会因为缺少了挣扎过程，不能获得足够的力量，以至于出茧后不能飞翔，并会很快死去。同样，我们想要成长，也必须经历重重困难，才能实现自我蜕变，获得新生。如果没有经过痛苦的"破"，我们就没有足够的经验和勇气去"立"。

有这样一句话："你今天受的苦，吃的亏，担的责，扛的罪，忍的痛，到最后都会变成光，照亮你的路。"只要我们直面苦难，不断努力，砥砺心志，总能迎来新生的那一天。

第十二章 │ 抓住机遇，果断行动

69. 见利不失，遇时不疑

　　古人云："善战者，见利不失，遇时不疑。"意思是说，善于用兵作战的人看到有利的形势绝不会放过，遇到适当的机会绝不会犹豫不决。这是在告诫我们，要善于捕捉机会，从而赢得胜利。

　　在现实生活中，机会的把握往往决定着我们的成败。只有抓住每一个有利的时机，我们才能在生活中不断取得进步，迈向成功的顶峰。

　　西汉张骞是"见利不失，遇时不疑"的典范，其事迹载于《史记·大宛列传》《汉书·张骞传》。

172

汉武帝即位后，得知匈奴西边有宿敌大月氏，便想要联合其夹击匈奴，于是下诏招募使者出使西域。时为郎官的张骞，在无人知晓西域地理、充满未知风险的情况下，果断应募，于前138年率百余人踏上征程。

张骞一行刚出陇西，就被匈奴俘获，扣留约十年。匈奴单于安排他娶妻安家，试图消磨他的意志，但他始终牢记使命，从未动摇。后来，趁着匈奴发生内乱，防备松懈的时机，张骞带着属下逃了出去，继续西行。

抵达大月氏后，张骞才知道对方已安居新地，无意复仇。虽然未能如愿达成盟约，但他深入考察西域地理、风俗、物产，为汉朝积累了珍贵的战略情报。前126年，张骞回到了汉朝。

前119年，汉武帝再派张骞出使西域，此次他率三百人的使团，分遣副使至大宛、康居、大月氏、大夏等地，成功打通了中原与西域的交通要道，促成了"使者相望于道"的丝路盛景。

在国家亟须开拓西域的关键时期，张骞毫不犹豫，果断应募，踏上了漫漫征程。而在被匈奴扣押的岁月里，他默默等待，一找到机会便逃脱而去，这种强大的决断力与执行力正是"遇时不疑"的生动写照。

这个例子告诉我们，对机会的认识和把握直接决定了人生的走向，因此，在机会面前不能有半点迟疑。这个道理其实不难理解，但许多人却总是难以做到。他们中有的人没有及时发现机会，有的人虽然有所察觉，却不能主动出手，导致与机会擦肩而过。

因此，我们必须看准时机，主动出击，抓住那些稍纵即逝的机遇，这对于个人的成长和发展极为重要。同样，在商业领域，对机会的把握也很关键。一个成功的商人，必须具备敏锐的洞察力和果断的行动力，能够准确地判断市场趋势，及时捕捉商机。而那些犹豫不决的人，往往会错失良机，望洋兴叹。

那么，如何才能做到"见利不失，遇时不疑"呢？首先，我们要具备

敏锐的洞察力，深入了解目标市场的需求变化、竞争态势和新兴技术的发展趋势。其次，我们要具备较强的灵活性，能够提升对机会的响应速度。要知道，机会不等人，保持灵活的思维，反应机敏，才能及时把握新的机遇。

此外，我们还要识别和管理机会背后可能存在的风险，并做出清晰、果断的决策。当然，我们也需要建立广泛的社交网络，这能为我们带来更多的合作机会，可以帮我们更早地发现和把握良机。

值得注意的是，对时机的捕捉并不是一蹴而就的。它需要我们付出持续的努力，并要学会耐心地等待。在等待的过程中，我们需要不断提升自己的实力和素质，这样，当机会来临时，我们才能牢牢地抓住它并取得成功。

70. 决有道，断有据

我们提倡抓住机遇，果断行动，但果断不等于鲁莽、冲动。在日常生活中，无论我们做什么事情，都应该先认真、积极地思考，从而掌握事物的规律，为自己的决断找到充分的依据。这就是古人常说的"决有道，断有据"，它能让我们在行动时更加从容自信，也能提升成功的可能。相反，若是胡乱决策，盲目行动，就有可能引发非常严重的后果。

西楚霸王项羽就犯过这样的错误。在鸿门宴上，项羽本有机会按照谋士范增的计策，除掉刘邦这个潜在的威胁。然而，项羽顾及与刘邦的旧情，又有一些个人英雄主义，最终让刘邦成功逃走。这让范增失望至极，当场断言"大家将来都会成为刘邦的俘虏"，可项羽却不以为然。

之后，项羽派人请示楚怀王，开始分封功臣，他自封为西楚霸王，并分封各路诸侯。这样做虽然能够巩固自己的势力，但也反映出他没有充分考虑到各诸侯间的利益平衡。比如刘邦就被项羽分封到了偏远的巴蜀之地，本意是想削弱其势力，没想到刘邦却能迅速崛起，最终成为自己的劲敌。

在楚汉争霸中，项羽又犯了不少错误，多次错失良机，让自己越来越被动。最终，项羽被刘邦围攻，落入四面楚歌的境地。项羽好不容易杀出一条血路，逃到了乌江边。看到项羽绝望的样子，乌江亭长劝他说："江东虽小，却足以让大王立足，请大王速速过江。"可项羽却觉得自己无颜面对江东父老，于是在乌江边自刎。

我们不妨来想象一下，如果在每一个关键的节点，项羽都能遵循"决有道，断有据"的原则，多进行积极、深入的思考，之后再做出决策和判

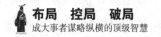

断，又怎么会让自己落得如此悲惨的境地呢？

"决有道"的"道"可以理解为正确的原则、方法或道路。在决策过程中，我们应当遵循一定的"道"，才能确保决策的合理性和正当性。当然，"道"并不是死板的，我们需要根据具体情况灵活运用"道"，以制定出最适合当前环境和目标的决策方案。这就要求决策者具备高度的责任感和使命感，并能对复杂问题进行深入的分析和判断，而这些能力都是项羽所缺乏的。

至于"断有据"中的"据"则是指证据、依据或理由等。我们必须以事实为基础，以证据为准绳来进行判断，才能避免主观臆断和盲目猜测。而这要求判断者具备逻辑思维能力和洞察力，能够准确识别并收集相关信息，进行深入的分析和比较。很显然，项羽在这方面也有一定的欠缺，由此造成了判断失"据"、决策失"道"。

为了避免犯同样的错误，我们需要学会"三思而后行"。首先，我们要深入了解问题的来龙去脉，以便思考问题的本质和核心；其次，我们要思考决策和判断可能导致的结果，包括正面结果和负面结果，然后从中选出最符合自己目标和利益的决策方案；最后，我们还要思考这种方案是否可行，如果可行，则要继续思考具体的行动计划，最后才能果断地展开行动。

这种在行动前先思考的好习惯能让我们保持冷静和理性，有助于避免冲动和盲目行事，因而能够减少或避免不必要的损失和风险。

71. 当断不断，反受其乱

有的人在面对问题时，总是难以做出决断，导致问题无休止地拖延下去。然而，越是拖延，他们就越容易受到问题的牵绊。

所谓"当断不断，反受其乱"，就是指该做出决断时，一定要学会当机立断，否则可能会给自己带来无穷的祸患。

三国时期，大将军曹爽就犯了犹豫不决、当断不断的错误，结果不但葬送了自己的性命，还让整个曹氏家族陷入万劫不复的深渊。

曹爽是皇帝曹芳的叔父，自明帝曹叡去世后，曹爽凭借着辅政大臣的身份独揽大权，排除异己，引起了朝野上下的强烈不满。司马懿受到排挤，表面上称病不上朝，实则暗中布局，想要夺取政权。

249年，曹爽陪同皇帝前往高平陵拜祭先帝，司马懿抓住这个关键的时机，在都城洛阳发动了政变。此时，大司农桓范趁乱逃出洛阳，直奔曹爽所在地。桓范深知局势危急，力劝曹爽带着皇帝去许昌，号召天下勤王，对司马懿进行反击。

可就在这危急时刻，曹爽却犹豫起来。他一方面贪恋财富和地位，不愿和司马懿硬拼；另一方面又害怕背上叛逆的罪名，影响自己在历史上的声誉。在权衡利弊之后，曹爽决定放弃抵抗，向司马懿投降。他天真地以为，只要自己交出兵权，就能保全家人和亲族的性命。

然而，曹爽一回到洛阳，就被司马懿软禁了。随后，司马懿以迅雷不及掩耳之势，迅速清灭了曹爽集团的相关人等，曹氏家族的成员也被司马懿以谋反罪名诛杀……

　　"高平陵事变"不仅是一场残酷的政治斗争，更是智慧与意志的较量。曹爽的失败，不仅在于他缺乏政治手腕，更在于他的性格过于优柔寡断。

　　这一历史事件告诉我们，在人生的关键时刻，必须果断决策，勇往直前，才能把握自己的命运。事实上，很多事情都是讲究时机的，一旦错过关键时机，结局便不可逆转。如果我们总是当断不断，不但抓不住时机，还会让过往付出的努力和取得的成就化为乌有。因此，在决策时，我们既要考虑现有的条件，又要审视过往的积累，力求做出最有利于长远发展的选择。

　　当断不断，除了会错失良机，还会让所面临的问题变得更加复杂。随着时间的推移，未能及时解决的问题会与新的问题交织在一起，难以分辨主次，从而增加了解决问题的难度和成本。因此，想要顺利地解决问题，不留遗患，我们应当改变当断不断的坏习惯，要下定决心去面对和解决问题，而不是选择逃避和拖延。

　　此外，"当断不断，反受其乱"还提醒我们，应该在心态上做好"断舍离"。在生活中，我们在意的事情越多，心理负担就越重。很多人过于思虑，并不是生活给他们带来了多少压力，而是他们自己给自己太多负担。这种人是最需要"断舍离"的，斩断不美好的记忆和过多的心理负担、情绪包袱。一次次和过去告别，会让自己变得更加理智、成熟，也能够更好地认识这个世界，从而轻松地前行，越活越自由。

72. 眼光敏锐，抓住灵感

有这样一段话："你若具有一县的眼光，那么你可以做一县的生意；你若具有一省的眼光，那么你可以做一省的生意；你若具有全国的眼光，那么你可以做全国的生意。"

眼光的重要性可见一斑。如果我们能有敏锐的眼光，能判断出事物的发展趋势，抓住一闪而过的灵感，就能找到适合自己的机会，快速获得成长。

唐朝开国名将程咬金在投奔李世民后，先后参与了多场战斗，斩将夺旗，攻城拔寨。但他绝不是一个只会打仗的莽夫。事实上，他头脑清晰，眼光敏锐。大唐立国之后，李世民功高震主，太子李建成对其心怀忌惮。李建成便向李渊建议，将包括程咬金在内的李世民手下的几员大将派到外地去做官。

此时，程咬金敏锐地觉察到了危机。他对李世民说："主公，他们把我们几员大将调走，就是为了对付你。我们不能走，你也要早点做打算。"李世民听从建议，发动了"玄武门之变"，程咬金也参与其中，成为李世民登上皇位的绝对功臣。

李世民登基后，程咬金被封为宿国公。随着时间的推移，李世民和功臣的子女陆续到了成亲的年龄。程咬金有三个嫡子，但他没有为自己的长子求娶公主，而是为次子求娶了公主。这样一来，长子可以继承父亲的爵位，而次子作为驸马，也能被封为国公。同时，由于长子并不是驸马，所以也不会成为权力纷争的焦点。

程咬金的三儿子从小投身军旅，通过一刀一枪的拼搏建立了战功，后来也被封为国公。在程咬金的精心安排下，兄弟三人都没有卷入李世民晚年的诸子夺嫡风波，能够安安稳稳地享受荣华富贵。

到了唐高宗时期，长孙无忌和武则天先后掀起数桩政治大案，大批勋贵子弟被卷入其中，不少官员被抄家灭族，程咬金的三个儿子却能够平安度过。这不得不让人佩服程咬金的智慧。

程咬金具有敏锐的眼光，在李世民与太子李建成的权力斗争中，能够察觉到李建成调离大将的意图，这就是政治眼光敏锐的表现。在家族事务上，他同样展现出敏锐的眼光，从家族长远利益出发，精心布局，从而保证了家族地位的稳定。更值得称赞的是，程咬金不仅眼光敏锐，还善于抓住灵感，提出切实可行的应对策略。例如在李世民遭遇政治危机时，他就建议李世民采取行动，为李世民提供了有力的支持。而在家族规划上，他也展现出了灵感——他没有盲目追求权力和地位的最大化，而是根据家族成员的实际情况和性格特点，制定了个性化的发展策略。这样既有利于家族成员的个人发展，又能维护家族的整体利益。

那么，普通人如何才能拥有敏锐的眼光，并能够抓住灵感呢？这需要我们培养出色的观察力、洞察力和理解力。有了这些能力，我们就能够迅速捕捉周围事物的细微变化，并深入洞察其本质和趋势。这样我们就能洞穿各种迷雾，使自己保持正确的人生航向；能够发现各种问题隐患，提前布局应对；能够抓住别人注意不到的机遇和灵感，实现人生的飞跃。

这些能力的培养，需要不断学习和实践。比如，我们可以阅读各种类型的书籍（包括但不限于历史、哲学、艺术、科学等多个学科领域），有助于拓宽视野、积累知识；我们也可以养成观察和记录的习惯，平时可以随身携带笔记本，也可以利用手机的记事本功能，随时记录观察到的细节和闪现在脑海中的灵感；我们还应当保持好奇心，对感兴趣的事物不断提问、主动探索，这也能为我们带来不同的观点和信息，从而增加灵感的来源。

通过广泛涉猎、积累经验，我们的视野将逐渐开阔，对事物的认知也将更加深入，眼光自然会变得敏锐起来。当灵感闪现时，我们也能及时捕捉它，并进行深入探索。

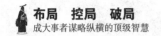
73. 运筹帷幄，决胜千里

"运筹帷幄，决胜千里"出自《史记》中的"运筹帷幄之中，决胜千里之外"，指的是事先做出周密的筹划和决策，最终获取胜利的理想状态。在这种状态下，有才智的人甚至无须亲自上阵，就能够让事情获得成功。

"运筹帷幄"是汉高祖刘邦对谋士张良的评价。张良被认为是"千古第一谋士"。如果没有他的辅佐，刘邦最终恐怕难以成就大业。

前206年，项羽率领大军攻破函谷关，意图与刘邦对决。张良为刘邦献计，使刘邦在鸿门宴上安然脱身。不久后，项羽自封西楚霸王，将刘邦封往偏远的巴蜀之地，成为汉王。此时张良建议刘邦烧毁栈道，以示没有东出的打算，从而麻痹项羽。随后，韩信采用"明修栈道，暗度陈仓"的计策，从陈仓道突袭关中，迅速占领了关中地区。

第二年，刘邦集结了五十万大军，趁着项羽主力出征的时机，攻占了楚都。然而，项羽迅速回援，汉军遭受重创，刘邦只能狼狈撤退。此时刘邦心灰意懒，认为大势已去。在关键时刻，张良提出了具有决定意义的战略部署：首先说服九江王英布倒戈，然后派遣使者联络彭越，并指派韩信北击燕、赵等地，通过内外夹击的策略，彻底改变了楚汉战争的局面。

到了前203年，项羽和刘邦达成协定，暂时停战。刘邦正打算撤军之时，张良察觉到楚军资源紧张，便提出不能任由楚军东归，否则将会留下无穷的后患。于是，刘邦决定亲自率领大军继续追击项羽，同时张良敦促韩信、彭越等人出兵参战。在几路大军的合围下，项羽无路可逃，最终自刎于乌江边。

张良的"运筹帷幄，决胜千里"在楚汉争霸的过程中得到了淋漓尽致的展现。他独到的战略眼光和巧妙的战术布置对刘邦最终建立汉朝起到了至关重要的作用。

"运筹"是军事家们必备的基本功，强调通过精确的计划和有效的执行来达到预期的结果。在现代的管理和领导方法中，运筹涉及战略规划、资源分配、风险评估以及团队协作等多个方面。这要求我们不能只是简单地做出决策，而是要考虑各种因素，预测可能的结果，并在实施过程中灵活调整策略，以达到最佳效果。

要想"运筹帷幄，决胜千里"，首先要做到把控全局，这是做出有效决策的基础。而这包括收集和分析相关信息、掌握关键数据和趋势，并要深入了解各方利益和影响因素。正如《庄子·齐物论》中提到的"照之于天"，我们应超越个人局限，从更广阔的角度去分析问题、解决问题，才更容易形成大局观念。

其次要做到审时度势。在制定策略时，我们要紧密结合当前形势，合理地预测未来的发展趋势，从而明确任务优先级、合理分配资源、设计高效操作流程等，以确保策略的可行性和实施的有效性。同时，我们还要考虑到环境可能发生变化，所以要制订灵活的应变计划和备选方案，这样就能在有需要时快速调整策略和行动，以应对新的挑战。

最后要做到深思熟虑。在行动之前，我们应充分考虑、审慎斟酌，避免草率和冲动行事。尤其是在重大决策或采取实质性行动之前，更要保持头脑清醒，通过理性思考，预估可能产生的后果和影响，这样才能真正做到"运筹帷幄"。

第十三章 | **赢得人心，合作共赢**

74. 地利不如人和

《孟子》中说道："天时不如地利，地利不如人和。"在孟子看来，适宜作战的气候条件比不上有利于作战的地形，而有利于作战的地形又比不上人心团结。也就是说，"人和"才是取得胜利的关键。

时至今日，这句话依然具有警示作用，提醒我们人心向背对事业成败起着非常关键的作用。要想成就伟业，我们必须把握住天时、地利的大好机会，但最关键的还是要有"人和"，让他人心甘情愿地跟随和支持，我们才能走向成功。

《三国演义》中，刘备的文才武略虽然不是最出色的，但他凭借着"弘毅宽厚，知人待士"的行事风格，让不少人心甘情愿为他效力。

　　刘备曾说："操以急，吾以宽；操以暴，吾以仁；操以谲，吾以忠。每与操反，事乃可成耳。"意思是说，曹操行事急躁，我就用宽厚的态度来应对；曹操使用暴力，我就用仁爱之心来感化他人；曹操诡计多端，我就坚持忠信行事。只要我每次采取和曹操相反的策略，事情就有可能取得成功。

　　刘备确实是这样做的，他积极树立仁德的口碑。孔融曾被黄巾军困在城中，写信向刘备求助。刘备立刻出兵相救，这让刘备仁德的形象深入人心。不久，刘备又去支援陶谦，陶谦为表示感谢，将自己的精锐部队送给刘备，后来还将徐州这块宝地交给了刘备。就连袁绍都不得不感叹："刘玄德宽宏雅量，讲究信义，难怪徐州的百姓那么爱戴他。"

　　刘备最著名的得人心之举是"携民渡江"事件。据《三国志》记载，建安十三年（208年），曹操南征荆州，刘琮投降，刘备被迫撤退。经过襄阳时，十多万百姓害怕曹操，宁愿拖家带口也要追随刘备逃难。部下劝刘备轻装速逃，以免被曹军追上，刘备却不同意，说道："成就大业必须以百姓为根本，如今百姓归附于我，我怎能忍心抛弃他们呢？"最终，刘备在长坂坡被曹军追上，虽损失惨重，却让天下人看到其仁德爱民的胸怀。

　　"天时"和"地利"往往是可遇不可求的，但"人和"却可以通过努力实现。刘备就为我们证明了这一点。他的"人和"，不是权术算计，而是将道德理想转化为具体的行动——在他眼中，百姓不是数字，而是一个个值得守护的生命；部下不是工具，而是志同道合的伙伴。这种对人的尊重，让他在屡败屡战中始终保有东山再起的资本，最终从"织席贩履之徒"成为"三分天下有其一"的开国之君。

　　从这也可以看出"人和"对于凝聚人心的重要性。在"天时""地利""人和"这三大要素中，"人和"看起来很简单，但要做到位、做出成效，却很不容易。以现代团队管理为例，想要实现"人和"，我们至少要

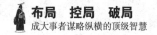

做好以下几个方面。

首先，我们要确定团队的共同目标和愿景，然后要很好地传达它们，确保每位成员都能理解，并知道如何通过自己的工作为整体目标的实现贡献力量。

其次，我们要建立并弘扬团队的共同价值观和企业文化，使团队成员在行为和决策中能够保持一致，并能够增强他们对团队身份的认同感和归属感。

再次，我们要在团队中建立开放、诚实和有效的沟通渠道，让所有团队成员能够自由表达意见和想法。我们还要鼓励团队成员之间积极合作，以强化团队精神，增强团队凝聚力。

最后，我们还要重视团队成员的个人成长，要多给他们提供培训和发展的机会，帮助他们提升个人技能和工作能力。这不仅能够提升团队整体的绩效，还能提高团队成员的满意度和忠诚度。

除了以上几点外，团队领导者还应当尊重和欣赏下属，激发人性中的善意。如此一来，才能真正凝聚人心，有助于打造高效、和谐的团队，共同面对挑战，最终赢得胜利。

75. 上下同欲者胜

"上下同欲者胜"是《孙子兵法》中关于治军的格言，其含义是为了共同的目标，上下齐心，团结一致，就能取得胜利。

"人心齐，泰山移"，"上下同欲"的重要性不言而喻。在一个团队中，团结的程度越高，成功的概率也就越大。

战国时期，魏国的精锐步兵——魏武卒，是一支不容轻视的强悍部队。据史书记载，魏武卒几十年来几乎保持着不败的战绩，在当时堪称天下无敌。而魏武卒的崛起，得益于名将吴起的治军策略。

吴起认为，想要打胜仗，就必须吸引最优秀的人来参军，并要为他们提供足够的利益。按照吴起的要求，每个魏国士兵可分得可观的土地，还能免除徭役、田宅税等；原本是奴隶的人，也可以摆脱奴隶身份，成为自由人；士兵们还可以凭军功获取爵位，享受更好的待遇。不过，吴起也非常重视军队的纪律，要求士兵必须坚决听从指挥，若是触犯军纪，哪怕立了功，也必须斩首。

在史书的记载中，吴起不仅严格治军，更是以身作则，与士兵同衣共食，卧不设席，行不骑马，亲负粮草。吴起对士兵也十分爱护，有一次，一个新兵身上长了一个毒疮。吴起知道后，来到他的营帐，差人问了军医该如何治疗他的毒疮。军医说，只有找人把毒疮中的毒液吸出来，别无他法。吴起二话没说，亲自帮这位士兵吮吸毒液治病。有这样的领导者，魏武卒自然是上下同欲、勇往直前，取得了辉煌的战绩。

吴起治军的案例深刻诠释了"上下同欲者胜"的精神。他与士兵同甘共苦，甚至亲自为士兵吮吸毒疮治病，和士兵们建立起了深厚的情感纽带。另外，他非常重视士兵的利益，将士兵的个人利益与军队的整体利益牢牢绑定，使士兵的个人目标与军队的整体目标高度统一，从而激发了士兵前所未有的英勇和忠诚，大大提升了魏武卒的战斗力，使其成为战场上不可小觑的力量。

这个例子也让我们看到，"上下同欲"的力量是无穷的，它能让团队中的成员互相信任、互相支持，并能将每个人的优点发挥到极致，从而形成一股极其强大的合力，能够战胜一切艰难险阻。这就像那句俗语所说的："一个人可以走得更快，但一群人可以走得更远。"

想要达到这种"上下同欲"的状态，领导者必须成为团队的"领头羊"。如果领导者没有担当，团队成员只会从自身利益的角度考虑问题，必然导致人心涣散。相反，如果领导者能够在遇到困难时挺身而出，为下属开辟道路，下属做起事来自然就会顺畅，团队合力也会越来越强大。

同时，加强团队成员之间的关联性也是非常重要的。人是具有社会性的动物，彼此之间的需求是形成合力的最好方式。为此，领导者要严厉制止那些挑拨离间、破坏团结的行为，对于那些善于团结大家、促进合作的人，则要给予更多的鼓励。

一个上下同欲、团结一致的团队，能够激发成员的主动性和积极性，有助于形成共同的价值观，这是克服困难、达成目标的关键。因此，"上下同欲"的精神是任何团队都应当珍视和弘扬的宝贵财富。

76. 主动示好，解除敌意

在现实生活中，如果我们初到一个完全陌生的环境，遇到一些陌生的人或是对他人造成困扰时，难免会感受到对方的敌意。对于这种敌意，如果处理不当，很可能会引发矛盾和冲突，给我们的事业造成阻碍。

"冤家宜解不宜结"，很多时候，我们需要主动出击，释放善意，化解对方的敌意，赢得对方的信任，这对我们的工作和生活会有很多帮助。

如何主动示好，解除对方的敌意，东汉光武帝刘秀做了一次良好的示范。25年，刘秀称帝，攻打朱鲔镇守的洛阳。朱鲔与刘秀之间有着深仇。早年，朱鲔曾参与策划杀害刘秀的兄长，还多次阻挠刘秀的发展壮大。

刘秀的大军与朱鲔在洛阳相持数月之久。刘秀为了尽快解决洛阳问题，决定采用招降的办法，派遣手下和朱鲔有旧交的岑彭前去劝降。然而，朱鲔自知与刘秀仇怨极深，担心会遭到刘秀的报复，不敢投降。

得知了朱鲔的顾虑后，刘秀主动示好，说了这样一句话："举大事者不忌小怨。"表明自己不会计较这些小小的仇怨。同时刘秀还给出承诺：如果朱鲔选择投降，官位、爵位都可以保留，以后绝不会遭到任何报复。为了让朱鲔相信自己，刘秀还对着黄河起誓，表示绝不食言。

岑彭将刘秀的话转达给朱鲔后，朱鲔还是有些怀疑，问岑彭敢不敢一个人上城详谈。岑彭毫不犹豫地攀着绳梯来到了朱鲔身边，这也让朱鲔放下了戒心。

朱鲔最终决定投降。他让人把自己五花大绑起来，随岑彭一起去拜见刘秀。刘秀亲自来迎接，还亲手为他松绑，又设宴款待他。朱鲔感受到了

189

刘秀的宽广胸襟，只觉得无比惭愧。

稍后，朱鲔率洛阳城内所有官兵投降。刘秀任命他为将军，后来还封了侯。日后，朱鲔官至少府，负责宫廷的物资供应，爵位也传了好几代。

面对昔日仇敌，刘秀选择放下过去的恩怨，主动向其示好，消除了敌意，赢得了合作。这一举动展现了刘秀高超的政治智慧和宽广的胸怀，为他后续的统一大业奠定了坚实的基础。

刘秀的做法值得我们学习。在与人相处时，如果沉湎于旧怨，只会让负面情绪不断累积，也会加深彼此间的隔阂与误解，甚至会引发更多的冲突与不和。这种态度不仅无助于问题的解决，还会让人们陷入无尽的痛苦与怨恨之中。

相比之下，学会主动示好，消解敌意，是一种积极的、有建设性的处理方式。这种方式能够打破僵局，增进双方的理解和信任，会为双方关系的改善创造有利条件。

为了化解敌意，促进人际关系和谐，我们可以从以下几个方面入手。

首先，我们要深入理解对方的立场和感受。有时候，敌意可能源于误解、沟通不畅或其他原因。因此，我们可以尝试理解对方为什么怀有敌意。如果敌意是因我们的某些不当行为引起的，我们就要勇敢承认自己的错误，并要诚恳地向对方道歉。不过在道歉时，我们不能过于计较是非对错，也不要试图狡辩，以免激怒对方，造成"火上浇油"的后果。

其次，要和对方进行直接而有效的沟通。我们可以选择一个合适的时机，向对方解释我们的立场和意图。在整个过程中，我们要保持冷静和理性，避免情绪化的反应。即使对方不能接受我们的观点，我们也要保持礼貌和尊重。

此外，我们可以寻求中立的第三方的帮助。如果直接沟通无法达到满意的效果，我们可以考虑引入中立的第三方，如共同的朋友或领导等，请他们从客观、公正的角度来协助调节。同时，我们也要通过行动展示善意和诚意，如主动帮助对方、支持他们的工作等，这些都能逐渐改变对方的看法。

最后我们还要注意，示好并非盲目讨好，而是基于对对方需求的深刻理解，展现出足够的尊重和善意。并且这个过程需要时间和耐心，所以我们不能表现得过于急切，而是要持续地释放好意，才能消除对方的敌意，赢得对方的信任和尊重。

77. 海纳百川，有容乃大

"海纳百川，有容乃大；壁立千仞，无欲则刚。"这是晚清政治家林则徐任两广总督时在总督府题写的一副对联，意思是说，大海有极其宽广的度量，才能容纳成百上千条河流；高山没有过分的欲望，才能如此刚直挺拔。

其中"海纳百川，有容乃大"教导我们要做豁达大度、胸襟宽广的人，不斤斤计较，也不狭隘偏执。

三国时期，诸葛亮去世后，蜀国的朝政由蒋琬主持。蒋琬性情温和宽厚，能够包容他人，哪怕下属对他的态度并不恭敬，他也不会生气。

当时有个叫杨戏的下属，虽然很有才华，却性格高傲，不注重礼节。蒋琬找他谈话，他有时甚至不回答。有个人早就看不惯杨戏的作风了，便对蒋琬挑拨道："您看看这个杨戏，对您一点都不尊敬，是没把您放在眼里啊！"蒋琬却摇摇头，说道："每个人的想法都不一样，或许杨戏对这件事有不同的看法。他要是直接反对我，就会驳了我的面子，而要是直接赞同我，又会违背他的本心，所以他只能沉默不语。这正是他性情爽快的表现呀！"蒋琬的话让挑拨者哑口无言，而杨戏虽然没有多说什么，心里却对蒋琬产生了很多敬意。

还有一次，有个叫杨敏的官员说蒋琬"办事糊涂，不如以前的人（指诸葛亮）"。很快，这话就传到了蒋琬耳中，大家都在猜测蒋琬会不会治杨敏的不敬之罪。没想到蒋琬用诚恳的语气说："他说的有道理。我确实比不上前人，有的事我处理得不恰当，别人指出我的错误是应该的，我怎么能去追究他呢？"后来，杨敏触犯法纪坐了牢，大家又在议论，说蒋琬会不会利用这个机会狠狠地处罚他，可蒋琬对杨敏没有偏见，一切都是秉公处理，并没有对杨敏额外判罚。这让大家对蒋琬更加佩服了，都称赞他有容人之量。

人们素来敬仰那些胸怀宽广的人，蒋琬便是这样的典范。在下属对他不恭敬的时候，他想到的是每个人都有自己独特的性格和处事方式，从而能够理解和接受下属的行为；当下属在背后指责他的时候，他不但没有打击报复，反而进行了自我反思，认为下属的指责有一定的道理。

像蒋琬这样心胸宽广的人会表现出包容和理解的态度，能够在各种情况下保持平和与和谐。他们能够理解和接纳不同的观点、背景和生活方式，不会因为他人与自己不同而产生偏见。他们也愿意接受新的观念，对世界的多样性持开放态度，并愿意通过学习和体验拓宽视野。这种态度不仅让他们在面对挑战时更加从容不迫，也让他们的人生舞台更加宽广。

在现实生活中，我们也要努力成为"海纳百川，有容乃大"的人。为此，我们要保持开放的心态，愿意倾听他人的意见，并在他人需要时提供鼓励和帮助；我们要有宽广的气度，不会因为别人的成功而感到嫉妒，而是能够真诚地送上祝福；我们还要有宽阔的胸襟，不会为鸡毛蒜皮的小事耿耿于怀，这样才能在各种情况下保持平和的心境。

此外，我们还要学会换位思考。如果我们每次都从自己的角度去思考问题，难免会觉得别人的观点与思想是不合理、不入流的，这会导致我们的判断是片面的、狭隘的。只有眼里容得下别人，看到别人看问题的角度，自己的视野才会变得宽广，心胸才会更加开阔。

一个人的胸怀决定了他的视野和格局，也决定了他能够走多远、飞多高。我们要以蒋琬为榜样，不断拓宽内心的疆域。如此，我们才能释放出更大的才情和能量，在人生的舞台上演绎出属于自己的精彩剧目。

78. 化干戈为玉帛

　　"干"和"戈"是我国古代用于防御和进攻的两种武器，时常被引申为战争、武力冲突；而"玉"和"帛"则是古代交际礼节所用的玉器和束帛，是古代诸侯会盟、诸侯与天子朝聘时互赠的礼物，后来多用于形容和平友好的关系。

　　"化干戈为玉帛"则比喻将剑拔弩张的紧张状态转化为和平、友好的状态，因为只有消除敌意、团结合作才能实现共赢。

　　东汉时发生过一段"化干戈为玉帛"的历史故事。故事的主人公是光武帝刘秀的两个手下贾复和寇恂。

　　寇恂是一位颇有领导才能的官吏，他处事公道，从不徇私枉法。有一次，贾复的亲信在颍川郡杀了人。寇恂派人将其抓获，并依法处置。贾复得知此事后，认为寇恂是在故意驳他的面子，扬言道："我见到寇恂，一定要狠狠地教训他！"寇恂知道贾复内心不平，便决定避其锋芒，减少麻烦。

　　当贾复带着军队进入颍川郡时，寇恂立即吩咐手下人备下丰盛的酒宴，热情款待。等贾复一行人吃饱喝足后，寇恂突然出现，对贾复表示欢迎。贾复心想，等吃完饭再找寇恂算账，没想到寇恂推说生病，急匆匆地离开了。贾复本想发怒，但毕竟受到了寇恂的热情款待，也只能将心中的怒火暂时压下。

　　后来，刘秀听说了这件事。他亲自出面设宴调解，对贾复说："天下未定，你们怎么能私下争斗呢？"在刘秀的劝说下，贾复终于转变心意，不再对过去的事耿耿于怀。最终，两人"化干戈为玉帛"，同心同德，共扶汉室。

面对贾复的愤怒，寇恂没有选择硬碰硬，而是采取了巧妙的策略——先以礼相待，又适时退出，避免了直接冲突。这种处理方式不仅有效地保护了自己，更为后续的和解奠定了基础。寇恂的尊重和忍让逐渐平息了贾复的怒火，再加上光武帝刘秀从中斡旋，两人最终放下成见，"化干戈为玉帛"，携手为汉室的复兴而努力。

这个例子深刻体现了和解的力量和共赢的重要性。事实上，世界上并没有绝对理性的人，人与人之间出现矛盾和冲突是很正常的，但关键在于如何去面对和解决。像寇恂这种有大智慧的人，不会一味地争强好胜，而是保持冷静和克制，避免进一步激化矛盾，这是"化干戈为玉帛"的第一步。

为了和平解决争端，我们需要找到双方都能接受的解决方案。这就需要我们加强沟通，以增进理解，减少误解和偏见。在这个过程中，我们一定要避免使用攻击性或指责性的话语，并要注意倾听对方的观点。另外，我们要学会站在对方的角度思考问题，理解对方的需求和感受，才能找到双方之间的共同点或共同利益，而这些共同点正是合作和协商的起点。

必要时，我们还可以引入第三方来帮忙调解，但这种第三方（如领导、长辈或调解员等）在处理问题时必须基于事实和公平的原则，确保双方的权益都得到尊重和维护，才能真正达到"化干戈为玉帛"的目的。

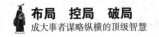

79. 找对盟友，携手前进

盟友，指的是为了共同的目标或利益而结盟的人或组织。在现实生活中，盟友可以为我们分担责任，提供支持，帮助我们更好地完成任务。因此，找到合适的盟友，与他们合作，成功的概率会大大增加。

东汉末年，曹操在起兵之初，就拥有了一位盟友——鲍信。鲍信是泰山平阳（今山东新泰）人，出身豪族，性格刚毅，待人宽厚，并且很有眼光。他很早就看出了曹操的不凡之处，因此，在很多关键时刻，鲍信都坚定地支持曹操。

曹操在己吾起兵时，鲍信以济北相的身份，和弟弟鲍韬一起响应曹操，共同讨伐董卓；后来同盟军推举袁绍为盟主，曹操担任奋武将军，鲍信则担任破虏将军，始终坚定地站在曹操这一边；在汴水之战中，鲍信、鲍韬跟随曹操进军，与徐荣作战，其间曹操、鲍信都受了伤，鲍韬不幸战死。

后来，黄巾军攻打兖州，兖州刺史兵败被杀。曹操的部下陈宫劝曹操接管兖州，鲍信等人坚决支持，还亲自迎接曹操担任兖州牧。成为兖州牧后，曹操匆匆招募了些新兵，打算和鲍信一起在寿张设下埋伏，堵截黄巾军。为此，他们先带了少量人马去视察阵地，以定下埋伏的地点，没想到遭到了黄巾军的攻击。由于人手太少，又缺乏充足的准备，曹军形势不利，损失了数百人，鲍信为了救援曹操，不幸战死，曹操勉强逃出了重围。

事后，曹操让人去寻找鲍信的尸体，但怎么都找不到，无奈之下，曹操只得命人用木头刻成鲍信雕像，用来寄托自己的哀思。

在曹操辉煌的个人征途中，鲍信这个盟友扮演了极其关键的角色。如果没有鲍信的全力支持和舍命相救，曹操的个人命运将会彻底改变。这一事实深刻揭示了盟友的重要性——个人的能力就算再强大，也会有应付不了的时候，而盟友能够提供支持、分享资源，还可以通过优势互补，实现共同发展。

盟友关系的核心在于共同的目标与利益，以及基于此的相互信任与协作。这种关系超越了简单的友谊，更多地体现在为实现特定目标而结成的战略伙伴关系上。在这种关系中，双方会主动分享机遇，共同规划行动，确保每一步都朝着既定目标迈进。

那么，该如何寻找合适的盟友呢？首先，双方需要明确共同的目标和利益，这是盟友之间合作的基础。这要求我们在选择盟友前要深思熟虑，确保彼此的追求能够契合。在此基础上，双方可以建立互相信任的关系，并通过持续的沟通、信息分享和协作来维持这种关系。此外，在选择盟友时，我们还要综合考虑对方的实力、信誉和潜在的风险，确保合作是有益的。

值得注意的是，盟友关系往往具有时效性和灵活性。随着目标和环境的变化，我们需要适时调整合作策略，确保双方始终保持在同一战线上。这种动态调整不仅有助于应对外部挑战，还能促进双方关系的深化与发展。

在当今这个机遇与挑战并存、竞争与合作相伴的时代，拥有合适的盟友，无疑能够为个人或组织的成功增添重要的砝码。因此，我们应该积极寻求并珍惜那些能够与我们并肩作战的伙伴，共同开创更加辉煌的未来。

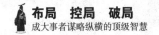

第十四章 | 坚韧不拔，逆境重生

80. 愚者入局，勇者破局

　　前进的道路总是曲折的，我们在追求成功的过程中，难免会陷入困境，也就是人们常说的"入局"。有的人不能识别困境，深陷其中后一蹶不振；而另一些人则会在困难和挑战面前展现出勇气、决心和坚持不懈的精神，从而走出困境，成功"破局"。

　　"愚者入局，勇者破局。"是做"愚者"，还是做"勇者"，其实就在一念之间。

　　东晋著名将领谢玄无疑是"勇者破局"的杰出代表。383年，前秦苻坚率领百万大军浩浩荡荡南下，想要攻打东晋，谢玄担任前锋，率领八万晋军迎战。

在敌我力量如此悬殊的情况下，谢玄毫不畏惧。他利用符坚的骄横与轻敌，进行了巧妙的布局——当时符坚的大军沿着淝水列阵，谢玄派遣使者请求前秦军队后撤，让晋军先渡过河来，再一决胜负。符坚打算趁晋军渡河后立足不稳之时，率领骑兵将晋军一网打尽，没想到却中了谢玄的圈套。当撤军的军令发出后，只听有人在前秦军中高喊"秦军败了"，导致前秦军乱成一团，符坚却无法制止。

就在这个时候，谢玄等人率领晋军精锐渡过淝水，向前秦军发起了突袭，打得前秦军丢盔弃甲，符坚本人也中箭受伤。之后前秦军大败而逃，谢玄等人又乘胜追击，前秦军被吓破了胆，就连听到风声与鹤鸣，都觉得是晋军又追杀过来了。

在这个例子中，我们会发现符坚就是一个"愚者"，他的轻率、傲慢，让他做出了愚蠢的决策，也付出了惨痛的代价。而谢玄则表现出了"勇者"必备的勇气和智慧，能够在看似不利的情况下找到破局的关键点，从而挽救了东晋，也为后世留下了宝贵的军事经验和精神财富。

谢玄和符坚的对比深刻揭示了"愚者"与"勇者"的根本区别。"愚者"常会出现以下几种问题：他们中有的人缺乏必要的知识和经验，对问题的理解不全面、不深入，就匆忙做出决定；还有人过于轻率或冲动，在没有深思熟虑的情况下就展开行动，完全没有考虑到这样做的后果；也有人总是固执己见，拒绝接受新信息和观点，导致他们始终坚持错误的行为或决策。这些态度让他们无法从错误中学习，也不会因失败而成长。更可怕的是，他们还会盲目自信，高估自己的能力或低估风险，从而在错误的道路上越走越远。

正是由于上述这些问题，"愚者"很容易掉入他人设下的陷阱，成为他人的棋子。他们在困境中挣扎，却始终无法找到解决问题的方法，最终只能眼睁睁地看着自己失败，却不知道该如何挽回。而我们要做的，就是

通过反思和学习，避免犯类似的错误。

反观"勇者"，他们在面对恐惧和压力时能够保持镇定和勇气，不会被困难或危险吓倒；他们会积极寻找解决问题的方法，并会为实现目标而承担一定的风险。不仅如此，勇者不会随性而为，他们会通过理性思考，权衡利弊，找到最佳解决方案，之后才会付诸行动。也是因为这些原因，"勇者"能从困境中挽回局面，最终成功实现自己的目标。

"愚者入局，勇者破局。"在面对困境时，我们应该像"勇者"一样，运用勇气和智慧去解决问题，而不是轻率行动、盲目跟随。同时，我们也要警惕那些可能使我们陷入困境的因素，如无知、轻率、冲动等，要努力克服它们，这样我们才能在人生的道路上不断前行，取得更大的成就。

81. 意志坚定，百折不挠

"百折不挠"一词出自汉代蔡邕的《太尉桥公碑》，形容的是一种历经挫折，却始终不动摇、不退缩的精神。

在现实生活中，我们想要有所成就，也需要跨越无数困难和挫折。只有那些意志坚定、百折不挠的人，才能最终站在成功的巅峰。

汉代史学家司马迁就是这样一位伟大人物。他的《史记》被鲁迅先生誉为"史家之绝唱，无韵之《离骚》"，而这部巨著，正是司马迁凭着坚定的信念和不屈的意志完成的。

司马迁的父亲司马谈是汉朝的太史令。受父亲的影响，司马迁自幼便对历史和文学产生了浓厚的兴趣。前110年，司马谈去世，临终前叮嘱司马迁完成他未竟的事业——编纂一部历史著作。司马迁铭记父亲的遗愿，决心编写史书。然而，要完成这个目标谈何容易，他不仅要查阅大量的历史文献，还要对历史人物和事件进行客观、公正的评判。

前99年，汉朝名将李陵在与匈奴的战斗中战败，被迫投降。司马迁在朝堂上为李陵据理力争，认为李陵是因孤军深入、寡不敌众才被迫投降的。司马迁的辩护触怒了汉武帝，导致他被判处残酷的刑罚——宫刑。这不仅给司马迁造成了身体上的巨大痛苦，还给他带来了精神上的羞辱和折磨。但司马迁并没有因此放弃自己的理想和追求。他忍辱负重，继续埋头撰写《史记》，在极其艰难的环境下，终于完成了这部伟大的历史巨著。

《史记》是中国历史上第一部纪传体通史，全书共一百三十卷，记载了从上古时期的黄帝到汉武帝时期的历史。司马迁在书中秉持"实录"精神，以客观、公正的态度记录历史事件和人物。他那卓越的史学成就和百折不挠的精神，赢得了后世的高度评价，也激励了一代又一代的学者和读者，为了实现心中的理想奋勇向前。

司马迁在遭受重大挫折后，展现出了无可比拟的坚韧与毅力。这种在逆境中不屈不挠的精神，不仅是他最为人所称道的品质之一，也是后世无数人走出困境的力量源泉。像司马迁这种意志坚定、百折不挠的人，就是生活中的强者，能够创造出以小搏大、以弱胜强的奇迹。

古往今来，能够成就一番事业的人，无不具备坚定的意志和不变的雄心。而很多人在一开始做事的时候，也曾满怀激情和梦想，可在碰了几次"钉子"后，就会心灰意懒，甚至还会一蹶不振。他们会对成功者投去或羡慕或嫉妒的目光，自己却不愿意付出努力，反而总是抱怨环境不如人意，抱怨他人不能给自己提供助力，导致自己一事无成。事实上，成功的背后隐藏着难以衡量的努力和数不清的尝试。只有始终保持坚定、不屈不挠、勇于奋斗的人，才能最终品尝到胜利的果实。

因此，我们一定要培养坚定的意志。这是一个人内在的强大驱动力，能让我们在面对困难时坚持不懈，勇往直前，也能帮我们对抗诱惑和干扰，让我们始终保持对目标的专注与执着。

想要拥有坚定的意志，首先要有明确的目标和可行的计划。只有明确自己的目标，努力才会更有方向。而在追求目标的过程中，我们要学会自我激励，多对自己说一些积极的话如"我能行""我可以""我能克服任何困难"等，以起到正面暗示的作用，有助于增强自信心和积极性。

另外，我们还可以从日常习惯培养自律性，比如坚持每天定时起床、定时锻炼或学习等，并要严格督促自己执行，这样也能强化意志力、提高执行力。

此外，坚定的意志力需要通过不断的实践和学习来得到锤炼和提升，因此，我们要多给自己创造实践的机会，并可以主动承担有挑战性的任务，这样可以在实践中不断积累经验，真正做到百折不挠。

82. 锲而不舍，金石可镂

"锲而不舍，金石可镂"出自荀子的《劝学》，意指只要坚持不懈地用刀镂刻，就算是坚硬的金属和玉石，也可以被雕出精美的花纹。

这句古训跨越千年，一直被人们所认同。它教导我们，只要有恒心、有毅力，持之以恒地努力，即使再难的事情也可以做到。

东汉末年，大将吕蒙作战英勇，屡立战功。可他从小就不喜欢读书，连起草一般的公文都很吃力，几乎通篇都是口语白话，没有一点文采。

孙权实在看不下去了，就劝说吕蒙："如今你也算身居要职，应该努力读书，提升自己的能力。"吕蒙却有些不以为然，说自己平时军务繁忙，根本没有时间读书学习。孙权不高兴了，说："你再忙还能忙得过我吗？我小时候就读完了《诗》《书》《礼记》《左传》《国语》，统事以来，也没有停止学习。我每天都要读各种兵书、史书，因为这些书籍真的很有益处。"

孙权生怕吕蒙不信服，又举了很多名人热爱读书、勤于学习的例子，像孔子废寝忘食读书，刘秀手不释卷等等，令吕蒙深受启发。可吕蒙不知道自己该从哪些书读起，孙权便给他列了一些书单，让他回去好好学习。

从那以后，吕蒙开始发奋读书，每天书不离手。虽然刚开始读书很是艰难，但吕蒙坚持了下来，不仅读完了孙权所列的书单，还读了很多其他的书。而且他读书不是泛泛地浏览，而是认真领会，力求"吃透"，因此积累了很多知识，理解能力、表达能力也上了一个台阶。

有一次，鲁肃到吕蒙的驻地来视察，和他探讨了一番当时的形势后，不禁大吃一惊，称赞道："以前我还把你当成一介武夫，如今看来，你的学识真是渊博，早就不再是过去那个吴下阿蒙了。"吕蒙一听，自信地笑道："可不是嘛！士别三日，就要刮目相看啊！"

吕蒙决心通过读书来增长知识和才干，但这对于当时的他来说很不容易。不过他有恒心，有毅力，能够克服一切困难，坚持学习。他这种锲而不舍的精神，让他成功补上了学识上的"短板"，也实现了自我的超越和蜕变。这个故事告诉我们，不管面对什么样的困难和挑战，只要我们有坚定不移的信念，有锲而不舍的精神，就一定能够取得成功。

成功的过程就像攀登高峰一样，在初始阶段，或许是轻松愉快的，但随着高度的增加，疲惫感就会随之而来。这个时候，锲而不舍的精神就显得尤为重要。它像一股无形的力量，推动我们继续向前，最终抵达成功的巅峰。

为了培养锲而不舍的品质，我们应该采取一些切实可行的步骤。首先，要强化自己的"行为动机"，就是要确保自己知道为什么要做这件事情，这样才能增强决心和行动力。其次，要制订一些具体的、可操作的计划，并附带详细的时间表，这样就能更好地规划自己的行动，并能够通过每天或每周的行动来培养习惯，让自己更容易坚持下去。在这个过程中，我们还要保持专注和耐心，不能因为一时的挫折或困难就中途放弃。

此外，我们还可以发挥"他律"的作用，也就是寻找一些志同道合的人一起完成某个目标，并请他们监督自己，或提供一些有建设性的意见，指导我们调整计划和策略，这样就能让"他律"带动"自律"，帮助我们成长。

　　锲而不舍的精神不仅能帮助我们克服眼前的困难，还能在我们的内心深处种下自信的种子，培养追求卓越的心态。它会让我们相信，只要认准目标，坚持不懈，成功终将属于我们。

83. 咬定青山不放松

"咬定青山不放松"出自清代著名书画家郑板桥题写在《竹石图》上的一首诗。在这幅画中，我们可以看到两三根瘦劲而孤高的竹子从石缝中傲然而出。而画卷左上题写着诗句："咬定青山不放松，立根原在破岩中。千磨万击还坚劲，任尔东西南北风。"

郑板桥很喜欢画竹，他认为竹子虚心有节，是清高、有气节的象征。而一句"咬定青山不放松"，则体现了竹子强大的韧劲和定力。这种韧劲，正是面对挫折和挑战时不屈不挠、坚持到底的精神。

"咬定青山不放松"的坚守精神，在东汉史学家班固身上得到了很好的体现。据《后汉书·班固传》记载，班固的父亲班彪看到司马迁《史记》之后的历史记载混乱，便写下65篇《史记后传》，临终前还将续写汉代史书的任务交给了班固。54年，班彪去世，年仅22岁的班固立下志向，决心完成父亲未完成的事业。

班固的修史之路极其坎坷。汉明帝时期，有人告发他"私自撰写国史"，班固被捕入狱，书稿也被查抄。幸亏弟弟班超赶到京城，向汉明帝申诉。汉明帝阅读书稿后大为赞赏，不仅释放了班固，还任命他为兰台令史，正式让他负责修撰汉史。

此后20多年，班固一心扑在学术研究上，在父亲旧稿的基础上，收集整理各种史料，最终写成我国首部纪传体断代史《汉书》。全书共100篇、近80万字，记录了从汉高祖元年到王莽新朝长达230年的西汉历史。班固不仅仔细考辨史料真伪，还开创了"艺文志""地理志"等新的史书体例，弥补了《史记》的不足。

92年，班固因朝廷外戚争斗受到牵连，再次入狱并病逝于洛阳，临终前仍惦记着尚未完成的《汉书》八表和《汉书·天文志》。这部分，后来由他的妹妹班昭及弟子马续补充完成。

班固把自己的一生都奉献给了史学研究，虽然屡遭打击，但他从未动摇，用一生践行"咬定青山不放松"的信念——从私修获罪到官修成史，变的是境遇，不变的是对史学传承的坚守。这份在困境中扎根生长的韧性，让《汉书》成为中国史学史上的里程碑，也让班固的名字与"坚守"二字紧紧相连。

"咬定青山不放松"不仅是一种精神追求，更是成功的基石。它要求我们在追求目标的过程中，专心致志，不为外界所干扰。在如今快节奏、高压力的社会环境中，人们很容易分心，难以持续专注于一件事情，导致一事无成，却又要为自己浪费的时间而懊悔。想要有所成就，我们就要改变三心二意、三分钟热度的做法，要有足够的定力、强大的韧性和抗干扰能力，一步一个脚印，才能有所收获。

另外，我们还要有坚定的理想和信念。竹子为什么能够"咬定青山不放松"？正是因为它将自己的根深深扎于岩石之中，毫不动摇。对于我们来说，理想和信念就是根基。只有坚守理想、信念之根，我们才能不惧风霜雨雪，才能在生活和事业上保持专注，才能义无反顾、勇往直前，最终到达成功的彼岸。

此外，我们还要有持之以恒的毅力。成功不可能一蹴而就，总是需要长时间的积累和不懈的努力，才能有所收获。我们只有像竹子一样，紧紧扎根于土地，持续不断地向上生长，才能达到理想的高度。

　　最后，我们还要不断提升自己对环境的适应能力。竹子在生长过程中，需要不断地适应环境，克服各种不利的自然条件。同样，我们在生活和工作中也会遇到各种变化和挑战。这时候只有像竹子那样，既坚韧不拔，又灵活适应，才能在复杂多变的环境中生存下来，并不断发展壮大。

84. 绝地反击，反败为胜

绝地反击、反败为胜，是指在看似没有退路的情况下，通过顽强的努力，成功地扭转局面并取得胜利。

事实上，不管眼前的处境多么令人绝望，只要我们不放弃，勇于奋斗和拼搏，就有可能创造出反败为胜的奇迹。

战国时期，田单"绝地反击，反败为胜"的例子一直为人称道。田单是齐国人，曾经在都城临淄做过管理市场的小官。燕国的乐毅率领五国联军大败齐国，接连攻下齐国七十多座城池，只剩下莒县和即墨两座孤城。田单在此时逃到了即墨，被当地的军民拥立为守将，由他带头抵抗燕军。

此时田单的处境极为艰难，可他没有丧失信心，一直在寻找反击的机会。恰好燕国的燕昭王去世，燕惠王即位。田单得知这位新国君与乐毅不和，便派人到燕国实施反间计，称乐毅久攻不下两座孤城，其实是想自己称王。燕惠王果然中计，召乐毅回燕国。乐毅担心遭到燕惠王的报复，便投奔了赵国。田单不仅成功逼走了乐毅，还动摇了燕国的军心。

乐毅离去后，田单隐匿了精锐部队，派使者去找燕军将领，商谈投降事宜，又安排了一些有钱人去贿赂燕军将领，恳求他们放过自己的家人。燕军见齐人想要投降，顿时松懈下来。田单见时机已到，便收集了一千多头牛，在牛角上绑上尖刀，牛尾上绑上浸满油脂的芦苇。点燃芦苇后，把牛驱赶出去。这些"火牛"发疯似的冲向燕军，燕军惊惶失措，自乱阵脚。此时，田单安排好的五千名精兵趁乱杀入敌军，老百姓也跟着擂鼓呐喊，燕军大败而逃。田单乘胜追击，不久便收复了齐国的七十多座城池，创造

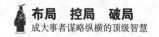

了中国军事史上的奇迹。

田单在绝境中没有放弃，而是坚定地选择了反击。他深知只有反击才能挽救齐国的命运，事实也证明了这一点。田单凭借坚定的信念、出色的军事才能和军民的通力配合，成功逆转了困局，实现了辉煌的胜利。这一历史事件向我们展示了逆境中不屈不挠的精神。

在现实生活中，我们会遇到各种各样的对手，更有可能陷入各种困境。在关键时刻，如何才能做到绝地反击、反败为胜呢？

首先，我们要稳定情绪，避免自乱阵脚。遇到任何事情，特别是重大事件时，我们一定不能慌张，只有避免情绪化的反应，才能制订出更有效的计划和策略。

其次，在逆境中，保存实力至关重要。我们不应盲目硬拼，而是要学会审时度势，避开敌人的锋芒。为此，我们需要低调行事，以减少不必要的消耗，并可为后续的反击积蓄力量。

再次，在保持低调的同时，还要努力寻找突破口，这可能是对手的弱点或市场的空白点，也有可能是新技术的应用，等等。一旦找到突破口，我们就要抓住机会，进行精准反击，这样才能在短时间内迅速改变形势，实现反败为胜的目的。

最后，即使我们身处绝境，也要保持乐观的心态和对成功的渴望。乐观会让我们充满信心和勇气，对成功的渴望则会驱使我们主动寻找解决问题的方法，帮助我们走出困境。因此，我们一定要不断地激励自己，要相信自己的能力，并告诉自己，通过努力和坚持，自己一定能够走出困境，迎接胜利的曙光。

第十五章 │ **出奇制胜，化险为夷**

85. 临危不乱，镇定自若

　　临危不乱、镇定自若是大部分成功人士都具备的特质。这种特质让他们拥有一种独特的松弛感和从容感，面对各种突发状况，特别是危急时刻，他们会表现得十分冷静，并能够出奇制胜，化解危机。

　　东汉名将吴汉就是一个很好的例子。有一次，吴汉引兵攻打梁王刘永。两军交战之时，吴汉不慎坠马，伤到了膝盖，只能先撤退，回营养伤。

　　随从的将领见主将受伤，不免十分担忧，生怕会影响士气。吴汉却表现出了超乎常人的冷静与沉着。他裹好了伤处，忍痛起身走出营帐，命手下宰牛犒劳士兵，还激励他们说："敌人看上去数量不少，但他们不过是一群乌合之众，不值得担心。将士们，大家都振作起来，咱们立功封侯的机会就要到了！"

吴汉的话让士兵们热血沸腾，他们大喊着"必胜"，都迫不及待地想要冲出去和敌军决一死战。第二天，吴汉不顾个人伤势，率军突击，大破敌军。

还有一次，吴汉率军从荆州出发，去蜀地剿灭公孙述的势力。在进逼成都的过程中，吴汉过于心急，没能听从刘秀的告诫，导致被公孙述的大军围攻。

面对十倍于己的敌军，吴汉临危不乱，镇定自若。他把将领们召集到一起，鼓舞他们的士气，同时商量好了对策。接下来，吴汉固守大营三天，还竖起了旗帜，生起了烟火，让敌军以为营中一切正常。可是到了夜里，吴汉趁蜀军不备，悄悄撤离。等到吴汉与己方另一支部队会合后，便展开了激烈的反击，一举击溃蜀军。

面对突如其来的危机，吴汉没有丝毫的慌乱和恐惧。他那临危不惧、镇定自若的精神，不仅稳定了军心，也极大地鼓舞了士兵们的斗志，为接下来的反击奠定了坚实的基础。

那么，这种精神是如何炼成的呢？

首先，我们要明白，强者并非生来就具有镇定自若的能力，而是在通往成功的道路上不断地磨炼，才锻炼出了强大的内心。正如那句歌词："不经历风雨，怎能见彩虹。"生活中每一次艰难的经历都是宝贵的财富，能够锻造出坚忍的意志。我们应当珍惜这种经历，将它们视为成长道路上的重要里程碑。每一次的跌倒与爬起，都是对自己能力的一次提升；每一次的失败与挫折，则是向成功迈进的一步。

其次，我们要懂得，镇定自若来自独立自主的心态。当我们摆脱了依赖别人的思维模式后，就会发现自己做任何事情都会更有干劲。因此，我们要相信自己的能力，勇于自我突破、自我探索，勇于承担责任，这样的心态会让我们在面对困难时更加从容不迫。

最后，我们还要注意，镇定自若意味着思维方式的转变。在遇到困境和挫折时，我们不妨试着转变一下思路。俗话说："塞翁失马，焉知非福。"在很多时候，我们遇到的问题看起来糟糕至极，可要是换个角度，坏事其实也有好的方面。多采用这样的思维方式，我们就能调整自己的心理状态，有助于在危机中保持镇定自若，也有助于找到更多出奇制胜的解决方案。

值得注意的是，镇定自若是可以通过反复练习来培养的。我们可以有意识地进行这方面的演练和训练，以熟悉应对危机的程序和步骤，有助于提升应对真实危机的能力。当然，在每次演练后，我们都要及时进行自我总结，以提炼经验教训，找出可以改进的地方，完善个人的应对策略，为未来的挑战做好更充分的准备。

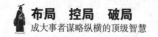

86. 以正合，以奇胜

《孙子兵法》中说道："凡战者，以正合，以奇胜。"意思是说，用兵作战，正面交锋要遵循常规的军事原则，采用稳健的姿态应敌，而在关键时刻，则要采取非常规的、出人意料的战术，以达到克敌制胜的目的。

这句话强调在战争中，要保持高度灵活，必要时应当敢于创新、勇于突破。

三国时期的偷渡阴平之战是我国军事史上的一次传奇。在曹魏十八万大军伐蜀的计划全面受阻的情况下，大将邓艾凭借三万军队，借道阴平，拿下江油，完成了一系列看似不可能完成的任务，并最终导致蜀汉的灭亡。

当时，蜀军在剑阁拖住了魏军主力。剑阁地势险要，易守难攻，邓艾久攻不下，眼看粮草快要耗尽，不免心急如焚。此时邓艾做了一个大胆的决定——偷渡阴平。阴平这条路位于群山之中，到处是山谷断崖，只有一条危险的栈道，行走非常困难。邓艾甩掉大军，只带了少量的精锐部队，一路劈山开路，艰难前行。

他们历经千辛万苦，终于抵达了青川县，接着他们避开正道，选择从险路奇袭江油。江油守军完全没有防备，看到邓艾的军队后，当即选择投降。邓艾乘胜南下，又拿下了涪城。此时，蜀国都城成都就剩下了绵竹这一座屏障，蜀军主力想要回援，也已经来不及了。邓艾攻下绵竹后，后主刘禅只得出城投降，蜀汉就此灭亡。

偷渡阴平之战的胜利，不仅在于邓艾的勇敢和智慧，更在于他准确地把握了"以正合，以奇胜"的战略思想。在正面交锋陷入僵局的情况下，他敢于打破常规，采取非常规的"偷袭"手段，最终实现了战略上的突破。

这一战役的胜利，也给我们带来了很多启发。首先，我们要勇于创新和突破常规。在现代社会，面对挑战和困境时，我们不应拘泥于常规思维和通行做法，而是要积极尝试新的方法和途径，通过创新思维出奇制胜。这一点对个人职业发展、企业管理、科技创新等都是适用的。

另外，我们要保持高度的灵活性，以快速响应变化的情况，并采取最有利的行动。特别是在遇到意外情况时，一定不能惊慌失措，而是要积极寻找其中存在的机会，此时不能局限于单一的方法或思路，而是要结合多种策略。我们要根据实际情况灵活调整策略，才能始终掌握主动权。

此外，想要出奇制胜，我们还需要学会精准判断和果断决策。这是因为"奇招"通常伴随着较高的风险，如若取得了成功，又会给我们带来巨大的回报。这就要求我们具备出色的判断力和决策力，既能准确判断可能的机会和风险，又能果断决策，以抓住机遇或规避风险，这样才能更好地完成任务和实现目标。

87. 攻其不备，出其不意

"攻其不备，出其不意"是一条军事策略，是指在敌人料想不到的时候采取行动，在敌人没有防备的时候发起攻击。这句话强调在战争中，要抓住对方毫无心理准备和物质准备的机会，迅速出击，才更容易取得胜利。

在我国古代军事史上，有很多著名的战役都灵活运用了"攻其不备，出其不意"的策略，并取得了胜利。

196年，孙策发兵进攻会稽。会稽太守王朗的部下虞翻献计说："孙策这个人很有谋略，况且他们是乘胜而来，士气正旺，我们只能加固城防、坚守不出，等孙策的军粮供应不上，自然会撤退。到那时我们再乘势进攻，便可以轻易取胜。"王朗觉得这话有理，便派兵驻扎在会稽城西北的固陵，阻挡孙策的进攻。

孙策久攻会稽无果，他的叔叔孙静出了个主意："会稽的钱财和粮食有一大半存放在几十里外的查渎。我们现在不如先攻占查渎，断了王朗的后路，再绕道袭击会稽。这样虽然绕远了一点，但敌人没有防备，我们更容易取胜。"

孙策采纳了这条建议，他在军营前摆了很多水缸，黄昏以后，又令士兵点起烟火，假装主力部队仍然集中在这个方向。天黑之后，孙策悄悄转移主力，绕道查渎发起突袭。王朗得知这个消息后大惊失色，派大将周昕率军回查渎抵抗。可孙策早已料到王朗会有这一招，在半路设下伏兵，一举歼灭了周昕的部队，查渎也不攻自破。王朗知道会稽城也守不住了，只得仓皇逃跑，东吴军大获全胜。

面对坚固的城防和王朗的顽强抵抗，孙策没有选择硬碰硬，而是采取了"攻其不备，出其不意"的高明战术。他绕道而行，切断了敌人的后勤补给线，让敌人惊慌失措、自乱阵脚，以较小的代价赢得了胜利。这个经典案例不仅展现了军事上的智慧，更蕴含了深刻的战略思维，即寻找并利用对手的弱点或疏忽之处，采取非传统手段达成目标。

在现实社会中，"攻其不备、出其不意"的战略应用得极其广泛。那些长期在商海中搏杀的成功人士就深谙此道，他们深知，一味地遵循常规思路和习惯做法，是无法打败竞争对手的，更难以将企业推向极致。因此，在开拓新的商业领域时，他们会主动捕捉竞争对手的薄弱点，或是抓住时机趁着对手尚未准备好便发起进攻，以获得更多的市场份额。另外，他们还会提供超出预期的产品、服务或战略，以打破市场常规，赢得消费者的青睐和市场的认可。

同样地，在生活中，我们也要学会出其不意。因为我们在做人做事时，如果一直墨守成规，就难以取得突破和进展，甚至还会陷入不进则退的困境。所以，当形势发生变化时，我们也要做出改变。否则，一直埋头苦干，只会限制我们的发展潜力。为此，我们要学会质疑，大胆想象，想前人不敢想，做前人不敢做，才能激发出更多的创新活力。

88. 以迂为直，以患为利

在《孙子兵法》中，有这样一句至理名言："以迂为直，以患为利。"意思是说，在战争中，有时候采取迂回、间接的战术，反而更容易达成战略目标。另外，对于战争中的不利因素，则要想办法把它们转化为有利条件。这也提醒我们，在复杂多变的环境中，要学会灵活应对，善于变通，才能取得成功。

前506年，吴王亲自挂帅出征，让孙武和伍子胥做大将，带领三万水陆将士征伐楚国。大军沿着淮河西进，到了淮汭地区，孙武突然下令放弃乘船，让军队改走陆路行军。

对于孙武的决定，伍子胥很是不满，质问道："我们吴军明明擅长水战，你为什么要放弃这一优势，改走陆路呢？"孙武回答说："你能想到的事情，楚军会想不到吗？况且楚国在长江上游，可以顺流而下。我们在下游，走水路是逆水行军，速度跟不上，又怎么发挥擅长水战的优势呢？要是楚军收到消息，提前做好了防备，我们想要破敌就更难了！"

事情果然如孙武所料，楚国知道吴国擅长水战，提前做好了周密的防御，但在陆地上，楚国的防御就显得薄弱得多。孙武挑选了三千多名壮士组成先锋队，让他们迅速突破楚国北部的三道防线，直逼楚国腹地。

遭到吴军的奇袭后，楚军上下十分慌乱。楚昭王急忙召集军队，可他们的陆军分散在各地，一时间难以集结，而楚军将领又贪功心切，指挥失误，导致楚军接连失败，士气低迷。最终吴军在柏举与楚军对战，楚军大败，吴军乘胜追击，一口气攻入了楚国国都。

这个案例告诉我们，在战场上，有时候通过迂回奔袭等间接的方式，反而能达到更直接、更有效的结果。就像孙武没有直接进攻楚国重兵防守的地带，而是舍舟登陆，从陆上迂回出击，这样不仅能迷惑对手，掩盖自己的真实意图，还能掌握战争的主动权。

这种"以迂为直"的智慧不仅在军事战争中有重要作用，还可以应用于我们的日常生活中。比如可以先从事一些与目标相关的工作，慢慢积累经验、人脉和其他资源，等到时机成熟时，我们就可以稳健地接近目标，这样成功的概率会大大提升。再如在解决问题时，我们可能会遇到一些看似无解的难题，这时不妨试着从不同的角度去分析问题，寻找一些间接而有效的解决方案，便可让难题迎刃而解。

"以患为利"则是一种更为积极的思维方式，能够指导我们将逆境转化为顺境，将劣势转变为优势。这个过程虽然不会轻松，但却能让我们实现自我完善和自我超越，从而不断开拓出新的局面。

由此可见，"以迂为直，以患为利"的智慧不仅是军事上的策略，更是一种深刻的生活哲学。在身陷困境或处于逆境的时候，我们要灵活运用曲线救国、化劣势为优势等策略，让自己成功脱困，并能够最终达成目标。

89. 善出奇者，无穷如天地

孙子曰："善出奇者，无穷如天地。"意思是说，善于运用奇兵的人，其战术变化多端，就像天地变化那样无穷无尽。

这里所说的"奇兵"，指的是不拘常法的策略和手段。它们能够突破传统的逻辑框架，善于制造虚实结合的效果，从而达到迷惑敌人、出奇制胜的目的。当然，"奇兵"也可以是在战争和博弈中不能轻易亮出的关键底牌。在任何时候，我们都不应毫无保留地展现所有实力，否则就无法给自己留出随机应变的空间。

历史上有名的"围魏救赵"的故事，就是一个典型的出奇制胜的例子。故事发生在前354年，魏国国君派大将军庞涓前去攻打中山（中山本是魏国的领土，后被赵国强行霸占）。庞涓认为中山不值一提，与其费力攻打它，还不如直接攻打赵国的都城邯郸，这样才算真正的复仇。魏国国君同意了，庞涓便带着大队人马直奔赵国，很快就包围了邯郸。

赵国自身兵力不足，无法击退魏军，危急之中只能以中山为报酬，向齐国求救。齐国派出了大将田忌和军师孙膑去解围。

田忌想直接向赵国都城进军，帮助赵国解围。然而孙膑认为，直接去赵国是"硬碰硬"，可能会造成严重的损失。不如趁着魏国兵力空虚，直接进攻魏国。庞涓肯定会回防，此时齐军可以在庞涓回来的必经之路上埋伏一支队伍，必然能够击败魏军。

田忌采纳了孙膑的建议，事情果然如孙膑所料，庞涓得知魏国被围攻后，立即领军离开邯郸。不料在归途中，被事先埋伏好的齐军伏击。由于魏国士兵疲惫不堪，而齐军却以逸待劳，结果魏军大败而归，赵国的围困也顺利解除了。

很显然，孙膑就是一位善出奇兵的大师，他在思考问题时颠覆了常规军事思维，能够从对手意料之外的角度想到"围魏救赵"的奇策。不仅如此，他还准确预判了庞涓的行为模式和心理预期，通过虚虚实实的战术手段，牵着敌人的鼻子走，最终达到了预期的战略目标。这种灵活多变、出人意料的战略和战术，正是"善出奇者，无穷如天地"的生动体现。

奇兵之策不仅适用于军事领域，也可以运用在其他多个领域。比如在竞技体育的舞台上，两位顶尖选手之间进行对决，除了比拼常规能力外，最关键的制胜因素就是他们各自的"底牌"，或者说是独门绝招。谁拥有别人不具备的绝招，谁就拥有了制胜的法宝，这就是选手的"奇兵"。

在市场竞争中，能够始终屹立不倒的企业家同样是善出"奇兵"的高手。他们总是能够做到先知先觉，想同行之未想，为对手之未为，从而不断创新，抢占市场先机，赢得消费者的青睐，这样才能在市场中捕捉到更多的机会。而这就是企业家的"奇兵"所在。

在日常生活和工作中，我们也应当秉持"奇兵"之道。这并不意味着要去玩弄心机、故设陷阱，而是指我们应当具备灵活多变、富有创意的生活态度。比如在面对问题时，我们不要被传统观念或固有模式所束缚，要勇于尝试新的解决方法和思路。这种思维上的"奇兵"，能帮助我们突破困境，找到出路。再如说话做事时，我们也应当有所保留，不宜把话说得太满，这其实是对自己的一种保护，能为自己留出更多的回旋余地，也能为未来的变化留下更多的可能性。当事态发展超出预期时，我们便能迅速调整策略，用"奇兵"来及时止损。